PEDAGOGÍA
DE LA PRESENCIA

BIBLIOTECA PEDAGÓGICA

COLECCIÓN FUNDADA POR
LORENZO LUZURIAGA

Antonio Carlos Gomes Da Costa

PEDAGOGÍA DE LA PRESENCIA

Introducción al trabajo socioeducativo junto a adolescentes en dificultades

PRÓLOGO
EMILIO GARCÍA MÉNDEZ

oficina regional
para
américa latina
y el caribe

unicef
argentina

EDITORIAL LOSADA, S.A.
BUENOS AIRES

Edición original: *Por una pedagogía da presença*, Brasilia, Ministério da Acção Social, Centro Brasileiro para a Infância e Adolescência, 1991.
Tradución castellana de Mary Beloff y Mariana Jodara.

© UNICEF Argentina y Oficina Regional
para América Latina y el Caribe, 1995

© Editorial Losada, S.A.
Moreno 3362
Buenos Aires, 1995

ISBN 950-03-8372-1

2ª edición: diciembre 2004

Diseño de tapa:
Ana María Vargas

Ilustración de tapa:
Roger de la Fresnaye

Queda hecho el depósito que
previene la ley 11.723

Impreso en la Argentina
Printed in Argentina

Presencia de la pedagogía

No tengo dudas en calificar este libro como una obra pionera y excepcional de la cultura latinoamericana. Como toda obra de esta naturaleza admite varias lecturas, e interpretaciones múltiples. Aunque una lectura superficial tendería a colocarla como una consecuencia del enorme proceso de movilización social en el campo de los derechos de la infancia que se desarrolló en Brasil en los últimos años, creo, por el contrario, que las ideas contenidas en este libro son parte decisiva de las causas de este proceso.

En el difícil y muchas veces estrecho espacio existente entre la subordinación de cualquier cambio a las transformaciones estructurales y el pragmatismo inmediatista, Antonio Carlos construye un territorio para el diálogo; un lugar donde educandos y educadores en circunstancias especialmente difíciles enfrenten el desafío de la libertad en la más paradojal de las situaciones: privados de libertad. Uno, el educando, privado de la más elemental de las libertades; el otro, el educador, privado de las razones para entender la libertad. *Pedagogía de la presencia* es un catálogo de razones para entender la libertad.

Resulta por lo menos curioso que una reflexión, que sin duda va mucho más allá de sus intenciones explícitas, tenga como punto de partida un universo oscuro, marginal y relegado como lo es el de los adolescentes infractores. Antonio Carlos suele resumir esta duda en pocas palabras: "Solamente una sociedad que aprende a tratar con respeto y dignidad a aquellos a los que considera peores, podrá un día respetar integralmente a todos sus ciudadanos."

Pedagogía de la presencia es la cara opuesta de una razón corporativa.

Me parece importante confesar aquí abiertamente que me aproximé con recelo a una propuesta (re)educativa para jóvenes infractores. Pedagogos y juristas tienen tras de sí una amplia tradición de desconfianza mutua y de críticas recíprocas en las que ambos casi siempre tuvieron razón.

Tradicionalmente, la "razón jurídica" funcionó como coartada y mecanismo de legitimación para ignorar las consecuencias (sufrimientos) reales de decisiones burocráticamente correctas. Los eufemismos y los "como si" constituyeron las bases reales del (no) derecho de los menores en América Latina. La "razón pedagógica", por su parte, funcionó como el instrumento científico para eludir o rechazar aspectos percibidos como formalismos absurdos: los derechos y las garantías. La doctrina de la "situación irregular" fue el pacto de caballeros que sintetizó las razones y las contradicciones de esos juristas y de esos pedagogos.

El juez "padre y maestro" y las políticas de represión-protección constituyeron la base de un dilema que sus propios creadores jamás fueron capaces de resolver: apenas fue posible ofrecer amparo a la infancia abandonada y delincuente, previa declaración de alguna forma de incapacidad e imposición de algún tipo de segregación. *Pedagogía de la presencia* pone en evidencia el carácter reduccionista y estéril del debate jurídico-pedagógico tradicional. Más que eso, Antonio Carlos muestra caminos concretos de superación del falso dilema protección-represión.

Así como siempre me pareció absurda la explicación psicológica del acto criminal, en la medida en que la existencia de este último depende de una definición de carácter normativo, mantuve también reservas frente a los tratamientos especializados para las personas privadas de libertad. Los procesos coactivos de resocialización constituyen invariablemente un eufemismo para designar un modelo que privilegia un proceso de supresión de la ciudadanía y de conservación del "orden y normalidad" de la propia institución.

Dos autores alemanes, Georg Rusche y Otto Kirchheimer, en un libro de 1939,[1] que en América Latina todavía no recibió la atención que merece, reproducen el informe de una prisión suiza de 1838, y afirman:

"La conclusión a la cual se llega en el documento es la de que la condición necesaria para la reinserción social del detenido es el sometimiento incondicional a la autoridad, punto que permaneció prácticamente inalterado en los programas de reforma hasta hoy en día. Si los detenidos se resignan a una existencia silenciosa, regular y laboriosa, la pena les resultará más tolerable, y una vez que la rutina se haya transformado en hábito, se habrá cumplido el primer paso rumbo a la rehabilitación continua, inclusive después de que el detenido haya sido puesto en libertad. La obediencia es exigida no tanto por razones que responden a un tranquilo funcionamiento de la prisión, sino para el bien de los propios detenidos, que deben aprender a someterse voluntariamente al destino de las clases inferiores."

Aun siendo extremadamente cautelosos, existen indicios para afirmar que el fracaso de las funciones

---

[1] Rusche, Georg y Kirchheimer, Otto: *Punishment and Social Structure,* Nueva York, Columbia University Press, 1939 (versión castellana: *Pena y estructura social,* Bogotá, Temis, 1984).

declaradas de los programas oficiales de resocialización pertenece, por así decirlo, a la fisiología y no a la patología de tal modelo. *Pedagogía de la presencia* constituye un elemento poderoso para quebrar la lógica perversa de los programas oficiales de resocialización.

Antonio Carlos lo expresa cuando dice que el educando "tendrá incluso la libertad (el derecho) de expresar, cuando esto corresponda a su voluntad y a su entendimiento, la indignación saludable que induce a la denuncia y al combate contra la injusticia y la opresión que pueblan la vida de los hombres en una sociedad como la nuestra. La verdadera socialización, por lo tanto, no es una aceptación dócil, un compromiso sin exigencias o una asimilación sin grandeza. Ella es una posibilidad humana que se desarrolla en la dirección de la persona equilibrada y del ciudadano pleno".

El carácter pionero y excepcional de *Pedagogía de la presencia* queda demostrado. Con este libro irrumpe definitivamente en América Latina una verdadera *Presencia de la pedagogía*.

EMILIO GARCÍA MÉNDEZ

Palabras iniciales

Esta "Introducción al trabajo socioeducativo junto a adolescentes en dificultades" pretende ser un pequeño paso en la dirección de un gran esfuerzo, que se hace necesario para la mejora de las formas de atención directa a los jóvenes en circunstancias especialmente difíciles, de un modo general, y, de forma muy especial, a los adolescentes a quienes se atribuye la autoría de un acto infractor.

La primera parte de este trabajo trata de la pedagogía de la presencia. En ella están condensadas, adaptadas a la realidad brasileña y con el agregado de algunas observaciones, análisis y formulaciones de mi parte, las ideas básicas defendidas por Pierre Voirin en *La educación de jóvenes difíciles*.

La segunda parte consiste en la operativización de la idea de presencia, concepto clave en la estructuración de todo el libro. Para eso recurrí al modelo de relación de ayuda, desarrollado por Robert R. Carkhuff en los años sesenta. En esta fase del trabajo, me basé en tres obras fundamentales: *La relación de ayuda para padres, profesores, psicólogos,* de Robert R. Carkhuff; *Construyendo la relación de ayuda,* de Clara Feldman de Miranda y Marcio Lucio de Miranda, y *Paradigma de orientación educacional basado en el modelo de ayuda de Carkhuff,* de Lais Esteves Loffredi.

Al presentar las fases y etapas del modelo de relación de ayuda me limité a una reproducción, de forma resumida y con pocas y pequeñas adaptaciones, de la exposición del método carkhuffiano contenida en *Construyendo la relación de ayuda,* obra fundamental y de lectura indispensable para todos aquellos que pretendan profundizar en este tema.

Organicé el trabajo con la esperanza de que el impacto de esta iniciativa sobre la calidad de la atención, en los programas gubernamentales y no gubernamentales, sea positivo.

Jóvenes volcanes

Cuando llegamos y contemplamos el paisaje
Sentimos miedo de los jóvenes volcanes silenciosos
Que amenazaban derretirnos
Con sus lavas incandescentes

Temíamos morir quemados
Por el odio rojo de las brasas
Bajando por las laderas áridas
En busca de espacio y libertad

No sabíamos del momento de las erupciones
Que harían estremecer la tierra
Ni de las grietas que nos tragarían
Para siempre

Paramos temerosos
Y levantamos tienda provisoria
Esperando la catástrofe

Los primeros temblores nos asustaron
Pero nuestra tienda no fue desmontada
Nuestros corazones saltaron de miedo
Pero la hecatombe no aconteció

Otros sismos se sucedieron más fuertes
Nuestros corazones se acostumbraron
Y construimos nuestra morada definitiva

Los tiempos pasaron...
Los sismos, las erupciones y el estruendo
Estremecían nuestros corazones
De verdaderos habitantes de la ladera
Nos acostumbramos a los jóvenes volcanes
Que en la angustia de su colérica opresión
Expulsaban sus emociones incandescentes
De odio y de dolor

Si así no fuera
La tierra explotaría
De furia y desesperación

Acabado el estruendo
Y vomitadas las lavas necesarias
Los volcanes aliviados
Regresan a su belleza natural

PEDAGOGÍA DE LA PRESENCIA

Hoy preferimos vivir en la ladera
Entre los volcanes que rugen y explotan
A vivir en el pantano
Entre las serpientes que pican
Escondidas bajo las hojas

Jóvenes volcanes
Jóvenes volcanes
Estaremos en paz
Cuando los hombres entiendan
Tus explosiones

LUIZ GONZAGA DE FREITAS FILHO

Parte I

Educación y presencia: De la soledad al encuentro

> "Cuando alguien vive a la orilla del mar acaba por no darse cuenta del murmullo de las olas a su espalda. El hábito es una especie de sueño, acompañado del oscuro deseo de no ver nada más, de no oír nada más, disminuyendo las tensiones de la vida. Diariamente llamado a responder a múltiples necesidades de gran número de jóvenes, el educador ya no interpreta correctamente los comportamientos que cambian con el estado de ánimo y las horas del día."
>
> PIERRE VOIRIN

Introducción

El trabajo educativo es y siempre será una fuente inagotable de aprendizaje; sólo es necesario querer aprender.

El automatismo y la rutina hacen que experiencias valiosas se pierdan por falta de sensibilidad, interés y sutileza del educador para captarlas y hacer de ellas la materia de su crecimiento, como persona, como profesional y como ciudadano. Cuando la experiencia del día a día es valorizada, la rutina se transforma en aventura, y la relación educador-educando se ofrece como un espacio de desarrollo personal y social de sus protagonistas.

Tener una relación significativa con adolescentes en dificultades es algo que, a partir de una consistente disposición interior, puede ser aprendido. Ese aprendizaje nace del entendimiento y del entrenamiento. Esta introducción al trabajo socioeducativo junto a adolescentes en dificultades procura articular esas dos dimensiones del aprendizaje de modo de propiciar que, al final, cada participante realmente incorpore nuevas maneras de entender y actuar.

El educador que actúa junto a los jóvenes en dificultades, se sitúa al final de una corriente de omisiones y transgresiones. Sobre su trabajo recaen las fallas de la familia, de la sociedad y del Estado. Con frecuencia, su actuación es la última línea de defensa personal y social de su educando. Pero el educador no puede refugiarse en la señalización pura y simple del carácter disfuncional de los mecanismos impersonales de la ley, de las instituciones y de la sociedad respecto de las exigencias del proceso educativo. A él le corresponde, por imposición de su conciencia ética y política, el deber de perseguir la eficacia en la acción, no limitándose a los momentos del testimonio y de la denuncia.

Un primer paso en este sentido es reconocer los requisitos intrínsecos de la acción educativa. El segundo paso es empeñarse, de manera sistemática, en incorporarlos a su modo de comprender y de actuar frente a situaciones que varían de un momento a otro, de educando en educando, de situación en situación.

Capacidades como aprender de los propios errores, aceptar al otro como es e interesarse por las potencialidades y límites de cada joven son requisitos más importantes que el coraje, el heroísmo y el celo extremo, que parecen ser la marca de educadores tenidos a veces como personas fuera de lo común. Lo que se requiere, entonces, son educadores capaces de actuar de forma excepcional frente a las situaciones más difíciles.

En verdad, el desempeño que debemos esperar de un educador emocional y técnicamente preparado es que él use el sentido común para evitar situaciones que generen movilizaciones extremas de habilidades y sentimientos. Para eso se hace necesario un esfuerzo consciente y sincero de apegarse a lo cotidiano de forma atenta, creativa y metódica.

Reflexionar sobre los acontecimientos comunes del día a día nos parece el mejor de los caminos. Cuando incorporamos este tipo de actitud ya no somos víctimas del tedio y el aburrimiento, porque podemos continuamente hacer descubrimientos sobre nuestros educandos y sobre nosotros mismos. Sin eso, nos condenamos a la rutina, a la auto-complacencia y al desinterés.

En la acción educativa, la línea que separa el éxito del fracaso es fina, casi imperceptible, y tiende a dislocarse con las oscilaciones de las realidades internas y externas del educador y del educando. Las limitaciones existen en cualquier aspecto de la relación entre quien ayuda y quien es ayudado. Algunas son superables, otras nos invitan a convivir con ellas, aprendiendo a conocerlas y a neutralizar o revertir sus impactos sobre el proceso de cambio y crecimiento en el cual, por opción y deber, estamos siempre empeñados.

Este libro se dirige a todos aquellos educadores interesados en mejorar su desempeño, a través de la adquisición de nuevas motivaciones, de nuevas visiones, de nuevas estructuras de comprensión, y de nuevos valores, hábitos y actitudes frente a sí mismos, a sus educandos y a todo lo que se relacione con sus trabajos.

Pierre Voirin nos lleva a aprender la dimensión de la presencia en el proceso pedagógico en toda su complejidad e integridad, y teniendo en cuenta todas sus implicaciones. Esta introducción al trabajo socioeducativo junto al adolescente en dificultades pretende ser, como ya se señaló, un pequeño paso en la dirección del esfuerzo requerido para mejorar las formas de atención directa de los jóvenes en circunstancias especialmente difíciles y, en especial, de los adolescentes a quienes se atribuya autoría de un acto infractor.

En esta *Pedagogía de la presencia* están presentes las ideas básicas defendidas por Pierre Voirin en *La educación de los jóvenes difíciles*,[2] una obra que refleja

---

[2] Voirin, Pierre. *Educação de jovens difíceis*, Lisboa, Familia 2000, 1972.

la experiencia de toda una vida dedicada a esa modalidad de trabajo social y educativo, ya sea como educador de base, o bien como docente en la formación de otros educadores.

Antonio Carlos Gomes da Costa

1. Presencia: una necesidad básica

Es creciente, entre nosotros, el número de adolescentes que necesitan de una efectiva ayuda personal y social para la superación de los obstáculos que impiden su pleno desarrollo como personas y como ciudadanos. El primer paso, y el decisivo para vencer las dificultades personales es la reconciliación del joven consigo mismo y con los otros: ésta es una condición necesaria para el cambio en su forma de inserción en la sociedad. No se trata, por lo tanto, de resocializar (expresión vacía de significado pedagógico) sino de ofrecer al joven una posibilidad de socialización que le permita concretar un camino más digno y humano para la vida. Sólo así él podrá desarrollar las promesas (las posibilidades) traídas consigo al nacer.

Las omisiones y transgresiones que violentan la integridad del adolescente y desvían el curso de su evolución personal y social se expresan en las más diversas formas de conducta divergentes o incluso antagónicas respecto de la moralidad y la legalidad de la sociedad que lo marginó. Esa conducta, más que como una amenaza a la que es necesario reprimir, segregar y extirpar a cualquier precio –como parece ser la comprensión prevaleciente hoy en Brasil–, debe ser vista y sentida como un modo peculiar de reivindicar una respuesta más humana a los *impasses* y dificultades que inviabilizan y ahogan su existencia.

Cuando esos pedidos de auxilio se enfrentan con la indiferencia, la ignorancia y los juicios preconcebidos, el adolescente se encierra en un mundo propio, un mundo que se desarrolla bajo el signo de un luto interior que es el resultado de las pérdidas y los daños infringidos a su persona. A esta altura pocos serán capaces de oír y de entender sus pedidos de auxilio; el mundo del adolescente se torna limitado y denso, y su experiencia es cada vez más difícil de ser penetrada, comprendida y aceptada. Debido a la contigüidad que la profesión les impone a los educadores, trabajadores sociales y psicólogos, ellos deberían ser las personas más aptas para recoger y responder de forma constructiva esos llamados. Extrañamente, sin embargo, esto difícilmente sucede.

Cuando la vida cotidiana se transforma en rutina, la inteligencia y la sensibilidad se cierran para lo inédito y específico de cada caso, de cada situación. El manto disimulador de la "familiaridad" va poco a poco cubriendo e igualando personas y circunstancias en un encasillamiento cuyas respuestas son las actitudes estudiadas, las frases hechas, los encaminamientos automatizados por el hábito.

Este mecanismo (en el fondo todos nosotros lo percibimos) es la manera encontrada por el educador para ausentarse de la exposición directa a esos impactos, de la agitación e intensidad de esas señales, de la diversidad de esos pedidos de auxilio, así como de la precariedad de medios, recursos y alternativas puestos a su alcance para hacer frente a una realidad tan dramática.

Muchos de nosotros racionalizamos esa actitud de ausencia programada, refugiándonos en la coartada estructural; así se pospone enfrentar, de modo más humano y consecuente, esta gestión hasta que se den los cambios estructurales, cambios que nadie sabe cuándo ocurrirán, si es que ocurrirán. Ninguna ley, ningún método o técnica, ningún recurso logístico, ningún dispositivo político-institucional puede reemplazar la frescura y la inmediatez de la presencia solidaria, abierta y constructiva del educador ante al educando.

Hacerse presente en la vida del educando es el dato fundamental de la acción educativa dirigida al adolescente en situación de dificultad personal y social. La presencia es el concepto central, el instrumento clave y el objetivo mayor de esta pedagogía.

Ella es la fuerza que late en el corazón de aquella "ciencia ardua y sutil" a la que hombres como Antonio Makarenko[3] dedicaron enteramente sus vidas.

[3] Antonio Makarenko, educador soviético que en los años veinte y treinta trabajó con jóvenes delincuentes, obteniendo resultados que impresionaron al mundo de su tiempo y que repercuten hasta hoy entre los educadores que actúan en esta área.

2. Aprender a hacerse presente

La capacidad de hacerse presente en forma constructiva en la realidad del educando no es, como muchos prefieren pensar, un don, una característica personal intransferible de ciertos individuos, algo profundo e incomunicable. Por el contrario, ésta es una aptitud posible de ser aprendida, mientras exista, por parte de quien se propone aprender, la disposición interior (apertura, sensibilidad, compromiso) para ello. En efecto, la presencia no es algo que se pueda aprender sólo en el nivel de la mera exterioridad.

Ese aprendizaje es una tarea de alto nivel de exigencia, que requiere la implicación entera del educador en el acto de educar. Sin ese compromiso, su estar-junto-al-educando no pasará de un rito despojado de significación más profunda, y se reducirá a la mera obligación funcional o a una forma cualquiera de tolerancia y condescendencia, para coexistir más o menos pacíficamente con los impasses y dificultades cotidianos de los jóvenes, pero sin empeñarse, en forma realmente efectiva, en una acción eficaz.

Por otro lado, es importante destacar que, situado en el polo directivo de la relación, el educador no puede entregarse a ella en una forma ilimitada, irrestricta, incondicional e irreflexiva, como alguna veces suele ocurrir. Con frecuencia, esa manera extrema de testimoniar solidaridad y compromiso tiene consecuencias imprevisibles y dañinas, tanto para el educador, como para el educando. Práctica en su esencia limitada, como afirma Paulo Freire, la educación solo es eficaz en la medida en que reconoce y respeta sus límites y ejercita sus posibilidades.

En el caso de la relación educador-educando, esta manera de entender y actuar implica la adopción de una estricta disciplina de contención y despojo que corresponde, en el plano conceptual, a una dialéctica proximidad-distanciamiento. Por la proximidad, el educador se acerca al máximo al educando mientras busca identificarse con su problemática en forma cordial, empática y significativa, dentro de una relación de calidad.

Mediante el distanciamiento, el educador se aparta en el plano de la crítica para percibir, desde el punto de vista de la totalidad del proceso, cómo sus actos se enlazan en la concatenación de los acontecimientos que configuran el desarrollo de la acción educativa. Esta postura exige de quien educa una clara noción del proceso y una inteligencia ágil para captar el instante, lo que implica la necesidad de combinar de forma sensata una buena dosis de sentido práctico con una vena teórica apreciable.

Ante las manifestaciones inquietantes del educando −impulsos agresivos, actitudes intempestivas, inhibiciones, intolerancia a cualquier tipo de norma, apatía, cinismo, alienación e indiferencia−, el educador debe situarse en un ángulo que le permita ver, además de los aspectos negativos, el pedido de auxilio de alguien que, de forma confusa, se busca y experimenta consigo frente a un mundo, a sus ojos, cada vez más hostil e ininteligible.

Hay que estar atento, sin embargo, para el uso que el educando puede hacer de los "buenos sentimientos" y las "buenas intenciones" de un educador insuficientemente familiarizado con situaciones de este tipo o que se dejó llevar demasiado por las emociones, esto es, por la dimensión afectiva de la relación. El "juego" que se establece en esos casos −manipulaciones, chantaje afectivo, apego desmesurado, dependencia inoportuna− puede echar a perder todo el proceso si el educador no se muestra capaz de evitar, o al menos impedir, que estas tendencias ganen cuerpo en la relación.

Hacerse presente, de forma constructiva, en la

vida de un adolescente en situación de dificultad personal y social es, entonces, la primera y la más primordial de las tareas de un educador que aspire a asumir un papel realmente emancipador en la existencia de sus educandos. Hay que destacar que se trata de una aptitud que puede ser aprendida en forma conceptual solo parcialmente; "saber hecho de experiencias", la presencia es una habilidad que se adquiere fundamentalmente con el ejercicio del trabajo social y educativo. No obstante, sin una base conceptual sólida y articulada se hace mucho más difícil para el educador proceder a la lectura, la organización y el dominio de su aprendizaje práctico.

3. Camino de emancipación

En general, los educadores que se enfrentan con adolescentes con serios problemas de conducta, siguen algunos de los siguientes enfoques básicos:

1. *Amputación*, a través de abordajes correccionales y represivos, de aquellos aspectos de la personalidad del educando considerados nocivos para sí mismo y para la sociedad.

2. *Reposición*, a través de prácticas asistencialistas, tanto en los aspectos materiales y paternalistas como en lo que se refiere a la dimensión emocional, de lo que le fue ocultado en las fases anteriores de su existencia.

3. *Adquisición*, por el propio educando, a través de un abordaje autocomprensivo y orientado a la valorización y fortalecimiento de los aspectos positivos de su personalidad, del concepto de sí mismo, de la autoestima y de la autoconfianza necesarios para la superación de sus dificultades.

El primer enfoque –amputación– se mostró, históricamente, capaz de producir dos tipos de personas: los rebeldes y los sumisos. Los rebeldes adoptan un patrón de conducta violentamente reactivo en su relacionamiento consigo mismos y con los otros, lo que, generalmente, los lleva a tornarse inviables como personas y como ciudadanos. Por su parte, los sumisos se despersonalizan, se tornan frágiles, vulnerables, inseguros, sin miedo de ser manipulados y totalmente incapaces de asumir el propio destino.

El segundo enfoque –reposición–, basado en las privaciones y carencias susceptibles de ser encontradas en la vida de esos jóvenes, trata de verlos desde el ángulo de lo que ellos no son, de los que ellos no traen, de lo que ellos no tienen, de lo que ellos no son capaces. El intento de suplir estas carencias en forma mecánica, a través de programas institucionales, produce generalmente un gran número de jóvenes dependientes, propensos a tornarse recurrentes crónicos del aparato asistencial del Estado o de las organizaciones no gubernamentales.

El tercer enfoque –adquisición– procura partir de lo que el adolescente es, de lo que él sabe, de lo que él se muestra capaz, y a partir de esa base, busca crear espacios estructurados en los que el educando pueda ir emprendiendo, por sí mismo, la construcción de su ser en términos personales y sociales. Esta línea de actuación está presente, en mayor o menor medida, en las pocas experiencias exitosas en Brasil dirigidas a adolescentes con problemas más serios. Por esta vía, muchos jóvenes han recobrado la confianza en sí mismos y se han descubierto capaces de luchar y progresar juntamente con los otros. Se trata, como se ve, de una propuesta de educación emancipadora.

La pedagogía de la presencia, en tanto teoría que se compromete con los fines y los medios de esta modalidad de acción educativa, se propone viabilizar este paradigma emancipador, a través de una correcta articulación de sus herramientas teóricas con propuestas concretas de organización de las actividades prácticas. Su orientación básica consiste en rescatar lo que hay de positivo en la conducta de los jóvenes en dificultades, sin rotularlos ni clasificarlos en categorías basadas solo en sus deficiencias.

Sin ignorar las exigencias y las necesidades del orden social, el educador no acepta la perspectiva de que su función debe ser solo adaptar al joven a eso que allí está. Él va más lejos. Él quiere abrir espacios que permitan al adolescente convertirse en fuente de iniciativa, de libertad y de compromiso consigo mismo y con los otros, integrando de manera positiva las manifestaciones desencontradas de su querer-ser.

4. Al encuentro de sí mismo

Las adquisiciones utilitarias, como el aprendizaje de un trabajo rentable y socialmente útil y de buenas maneras, que conviertan al educando en un ciudadano productivo y bien aceptado, son preocupaciones de las que ningún educador serio podrá desentenderse. Tales adquisiciones tornan viable al joven en el mundo en el que está llamado a vivir.

Sin embargo, el educador que se dirige al educando desde la perspectiva de la pedagogía de la presencia, verá que otro orden de exigencias antecede y da soporte a estas preocupaciones. Él ya observó que muchos de estos jóvenes viven "atados por dentro", encerrados en un universo tenso, reducido y denso. Ellos frecuentemente anulan iniciativas y esfuerzos realizados a su favor; actúan como si los problemas que intentamos resolver con ellos no fueran realmente sus verdaderos problemas.

¿Dónde hay que situar la raíz de este desencuentro? Desde el punto de vista de la pedagogía de la presencia, esta desarticulación entre necesidades y ofertas deriva del hecho de que, mientras los educadores ofrecen a los adolescentes medios para moderarse y tornarse viables, ellos buscan prioritariamente los caminos que les permitirán encontrarse.

Estudiar su situación, comprenderla y actuar constructivamente en relación con ella, dando la posibilidad al adolescente para que se enfrente con su realidad de forma cada vez más madura, es la tarea que, en orden de importancia, antecede a todas las demás. Su realización permite al educando superar el aislamiento y la soledad. Vista la situación desde este ángulo, los aspectos sociales se subordinan a una perspectiva que busca resolver la problemática personal del joven al que dirigimos nuestro trabajo social y educativo.

La pedagogía de la presencia es parte de un esfuerzo colectivo dirigido hacia una conceptualización y una práctica menos irreales y más humanas acerca de la educación de adolescentes en dificultades. Contribuir para el rescate de la parcela más degradada, en términos personales y sociales, de nuestra juventud es, sin duda alguna –aunque apenas un número reducido de personas realmente crea en esto–, una de las grandes tareas de nuestro tiempo.

5. El adulto en el mundo de los adolescentes

La presencia de los adultos en el mundo de los jóvenes en situación de dificultad personal y social no debe ser, como es habitual entre nosotros, intervencionista y limitada. El estar junto al educando es un acto que contiene consentimiento, reciprocidad y respeto mutuo.

El adolescente espera del educador algo más que un servicio eficiente, en el que las tareas claramente definidas se integren en un conjunto coordinado, técnicamente preparado. El servicio que el educador ejecuta, en la división de trabajo de equipo, representa apenas su campo de acción, pero no es la principal razón de su presencia junto al educando. La razón fundamental será siempre la liberación del joven, y ésta es una exigencia que se sitúa más allá de todas las rutinas, a pesar de que no deje de pasar por ellas. A través de la trascendencia de los aspectos rutinarios del programa socioeducativo, el adolescente percibe que, aun hecha de privaciones y sufrimientos, la vida es algo por lo que vale la pena luchar, y que es preciso reconciliarse con ella a partir del encuentro con otras vidas.

Es a través de pequeños "nadas" que el educando esquivo manifiesta un deseo de aproximación. Cuando alguien ocupa un tiempo considerable del educador con un problema insignificante, en verdad, está expresando la confianza que comienza a nacerle en relación con aquel adulto. No es un consejo lo que él busca ahora, sino reciprocidad, simpatía, amistad. El momento de orientación vendrá después. Un "buen día", un "ve con Dios", unas "buenas noches", una sonrisa, una mirada cómplice del educando son señales veladas que indican al educador el avance de su trabajo.

En cada incidente, en cada circunstancia, la tarea esencial y permanente del educador será siempre comunicar al joven los elementos que le permitan comprenderse y aceptarse y comprender y aceptar a los demás. Así, de manera casi imperceptible, el adolescente irá sorteando los obstáculos que se interponen a su querer-ser, y su seguridad crecerá en la medida en que se sienta capaz de definir para sí mismo el camino a seguir y el comportamiento a adoptar para la realización de aquello que pretende.

A esta altura, el educador comienza a tomar conciencia de que no existe ningún método o técnica enteramente eficaz y satisfactoria, capaz de ser aplicada con éxito en todos los casos. Las dificultades que debe enfrentar parecen no tener fronteras muy precisas. A veces se tropieza con el reglamento y la estructuración del programa socioeducativo, otras veces se entra en colisión con el sistema político-institucional y la legislación vigente; hay también dificultades cuya superación pone en tela de juicio la propia estructura de nuestra sociedad.

A menudo el educador se interroga sobre el sentido de sus esfuerzos. Siente que para encontrar una solución orgánica y consecuente para el conjunto de esos jóvenes, sería necesario reanimar millares de conciencias adormecidas, sensibilizar a la sociedad en su totalidad y llamar a la responsabilidad a los que tienen en las manos el poder de decidir, y que sólo de esta forma se podría terminar, de forma radical, con la incompetencia, la organización irracional, el interés mal formulado y la legislación inadecuada.

Este tipo de cuestionamiento lleva al educador a darse cuenta de que su actuación no es sólo trabajo; ella es, también y fundamentalmente, lucha. La pedagogía de la presencia implica de forma amplia su existencia: ella convoca para la acción a la persona humana, al educador y al ciudadano. Y es en esta última condición que corresponde al educador empeñarse también en el sentido de promover cambios amplios y profundos, teniendo como horizonte de sus esfuerzos la historia de su pueblo.

La conciencia del educador se abre, de este modo, a un amplio espectro de problemas. Además de tener una comprensión de las grandes cuestiones de la sociedad, él debe ser básicamente capaz de entender, aceptar y trabajar con comportamientos que expresan aquello que hay de íntimo y oculto en la vida de un joven en situación de dificultad personal y social. Este joven, su educando, es destinatario y merecedor de lo mejor que, en cada momento de su relación, él sea capaz de transmitirle.

6. Conocer el proceso

La pedagogía moderna, en todas sus modalidades, comienza por una apertura y una integración de los datos provenientes de la psicología, la sociología, la antropología, la psicología social, las ciencias médicas y el derecho. Ya pasó el tiempo en que se podía negar la importancia de una buena cultura científica para actuar en este dominio.

Es falso afirmar que la práctica por sí sola confiere al educador los elementos necesarios para el pleno dominio de su oficio. Sin la teoría, la práctica será siempre limitada. Quien es negligente en el estudio, cuando posee medios de realizarlo, es un pretencioso o está inconsciente de la importancia real de su trabajo. Afirmar esto, sin embargo, no implica negar que solo la experiencia es capaz de integrar y validar aquello que fue estudiado, en la medida en que todo pasa por el tamiz de la eficacia en la acción. Más importante que un conjunto de cabezas llenas de información es que el educador adquiera las actitudes y habilidades que favorezcan y tornen viable su actuación junto al educando.

La actitud científica ante un adolescente en dificultades no consiste en caracterizar su problema o su inadaptación y rotularlo de esta o aquella manera: deficiente, epiléptico, hiperactivo, infractor, sin vivienda, abandonado, carente, etc. Estos son aspectos que se pueden encontrar en millares de otras personas. Hay que captar lo específico, el aspecto individualizado de un caso. Un problema, por más grave que sea, nunca es la totalidad de un ser humano. Habrá siempre, además de la dificultad específica, otras dimensiones para trabajar.

Es una obligación del educador adquirir una información correcta sobre los diversos tipos de dificultades que afectan a los jóvenes y, cuando sienta que es necesario, debe encaminarlos hacia tratamientos específicos en los ámbitos de la medicina, de la psicología y aun de la psiquiatría. Ninguna medida de este tipo, sin embargo, lo liberará del deber de intentar una aproximación más concreta hacia el adolescente, para ver en él lo que hay de más personal y lo que se encuentra más allá de su problema; este hallazgo puede ser la base sobre la cual se asiente la búsqueda de una solución para sus dificultades. En este momento es preciso comprender al educando considerado en sí mismo, y no en relación con las normas y patrones que haya, por ventura, transgredido. Situarlo en una historia singular, única, que es la suya, permitirá, entonces, retiraralo del rótulo, de la categoría que amenazaba aprisionarlo.

A través de la observación atenta y metódica de los comportamientos propios del joven se intentará reconocer, entre las ganancias y pérdidas de su vida, aquello a lo que él le da más importancia, atención, valor. En fin, será necesario descubrir en este adolescente aptitudes y capacidades que solo un balance criterioso y sensible permitirá despertar y desarrollar. Únicamente así, él encontrará el camino para sí mismo y para los otros. Y éste es el sentido y el objetivo mayor de la presencia constructiva y emancipadora del educador en la vida del educando.

Existir, para el adolescente, no es un problema metafísico: es disponer de algunos bienes (materiales y no materiales) esenciales. El primero de ellos es tener valor para alguien, ser acompañado, aceptado, estimado en un universo que le es particular, donde pueda desarrollar las capacidades aún no (o insuficientemente) manifiestas de su persona.

El pan, aun abundante, es amargo para quien lo come en la soledad o en el anonimato colectivo de una atención masiva y embrutecedora. El precepto evangélico "No sólo de pan vive el hombre" asume aquí un valor humano de relevancia y precisión irrefutables; es a través de presencias humanas solidarias y atentas a su alrededor, que el adolescente en dificultades recibe la prueba, para sí mismo, de su valor y de su unidad. La conciencia de estar en el mundo ya es, entonces, conciencia de aceptación, de abrigo, de pertenencia, de integración, de comodidad. Vivir, ahora, es estar junto.

Los lazos que se desarrollan sólo son verdaderos, y contribuyen constructivamente para el existir, cuando son fruto de un dar y de un recibir, de un liberar y de un restringir considerados libremente.

7. Adolescencia y soledad

En el origen de las condiciones que encaminan a numerosos jóvenes hacia la asocialización y la delincuencia encontramos un sentimiento de abandono, de (des)vinculación, de (des)encuentro, de soledad, de aislamiento, de (in)comunicabilidad. Cada adolescente en dificultades intenta, a su manera: (i) disimular, (ii) compensar, (iii) protestar. Las manifestaciones varían, pero estas tres fases del proceso son factibles de ser detectadas por el observador atento.

La primera fase tiene en vista retener la presencia que se escapa. Es caracterizada por exigencias apropiadas o inapropiadas, tentativas de sellar compromisos de toda clase, esfuerzos de aproximación, llamados, ofertas discretas o torpes, que testimonian una profunda inquietud.

En *la segunda*, cuando la pérdida parece consumada, el adolescente en dificultades se alimenta de los sentimientos engendrados por la privación. Los pensamientos oscuros, el rechazo del medio, las simulaciones presentes en la edificación del universo cerrado, están en la base de una seguridad engañadora donde son elaborados simulacros y compensaciones de todo tipo.

La tercera fase es el momento en que el joven busca otras presencias, yendo al encuentro de los que, por referencias, son víctimas del sufrimiento, de la misma soledad, y los encuentra siempre aglutinados, sujetados, trabados en un grupo cerrado y aislado de los demás, Movido por impulsos que emergen de su naturaleza profunda, el joven se lanza a la búsqueda de los bienes perdidos, una búsqueda desorientada, errática, que ignora las leyes y convenciones morales que ya poco o nada le dicen. La transgresión de la ley, no obstante, acciona los mecanismos de control y defensa social, cuyas reacciones (aprehensión, maltrato, segregación) vienen a sumarse al sufrimiento de un pasado cuyos tormentos, lejos de ser resueltos, se apoderan de su presente y lo afligen cada vez más.

Cuando se llega a este punto, tenemos la prueba de que la vida fue perturbada, no en planos superficiales, sino profundos. Es entonces que, generalmente, el educador es llamado a intervenir. Él sabe que en este momento todo dependerá de su capacidad de hacerse presente en la vida del educando. La palabra presencia, aunque no sea de uso frecuente en el dominio de la pedagogía, tiene un contenido relacional que hace de ella la más exigente de las realidades.

Después de enterarse del pasado y de las condiciones de vida y lucha por la sobrevivencia de numerosos adolescentes en dificultades, es posible constatar que la mayoría no vivenció (ignora) o vivenció de forma muy precaria el continente estable y fiel de un afecto cotidiano, o sea, no tuvo acceso a los bienes de la presencia. La conciencia de que su vida tiene valor para alguien, de que hace a alguien feliz, está lejos de su experiencia.

El educador, orientado por la conciencia de esa realidad, leerá la peripecia personal y social del adolescente en dificultades con otros ojos. Descubrirá, bajo los impulsos anárquicos y contradictorios que parecen caracterizarlo, una inmensa voluntad de ser aceptado, de vivir y liberarse. Las dificultades de una vida amenazada de este modo reclaman la urgente necesidad de una pedagogía de la presencia.

8. Mucho más allá de la adaptación

Los programas socioeducativos dirigidos a jóvenes en situación de especial dificultad todavía no saben, en su gran mayoría, sacar provecho pleno de las posibilidades de la presencia, aunque algunos le concedan un cierto valor, considerándola como un recurso más en el enfrentamiento de los casos que implican mayor desafío. Son rarísimas las situaciones en las que la perspectiva de la presencia es llamada a intervenir como el primer elemento de la dinámica de la atención.

La norma general es la adopción de una conducta meramente repositiva de las necesidades y carencias materiales y no materiales del educando. Este camino, estamos cada vez más conscientes, es una manera segura de perder de vista el objetivo fundamental del proceso educativo.

Sobre la palabra socialización pesa, hoy, un grave equívoco. Generalmente se entiende por este término, una perfecta identidad entre los hábitos de una persona y las leyes y normas que presiden el funcionamiento de la sociedad; una adhesión práctica a su dinámica, una sumisión a su ritmo, una incorporación plena a sus valores; en fin, una adaptación total. El comportamiento ajustado, en esta visión, es la única cosa que realmente importa. De ahí se deduce que lo esencial fue conseguido cuando el joven ya se muestra capaz de actuar en el ambiente en que es llamado a vivir sin causar ningún daño apreciable al cuerpo social.

En esta perspectiva, como se percibe, la sociedad se impone como la primera y principal favorecida. El educando, considerado en términos de su realidad personal, es de cierto modo indiferente, si el objetivo principal, el cese de los actos delictivos y las conductas perturbadoras de la convivencia colectiva, fue alcanzado.

Se espera del joven en dificultades que él se integre al cuerpo social como elemento productivo y ordenado, sin suscitar ninguna forma de reprobación del medio. A esta altura, entonces, se dice que el educando fue "socializado". En la perspectiva de una pedagogía crítica, ésta no es la verdadera socialización, que se sitúa mucho más allá de una rudimentaria adhesión al orden establecido. Según el enfoque de la pedagogía de la presencia, está socializado el joven que da importancia a cada miembro de su comunidad y a todos los hombres, respetándolos en su persona, en sus derechos, en sus bienes. Él actuará así no solo por una ley promulgada o por medio de sanciones, sino por una ética personal que determina al otro como valor en relación a sí mismo.

Este joven sabrá, entonces, aceptar el peso inevitable que las otras personas de su mundo harán recaer sobre sí. Moderará sus impulsos de sensibilidad y de orgullo, será capaz de juzgar los aspectos positivos y negativos de la sociedad de la que es miembro. Reconocerá los desvíos que desfiguran la convivencia colectiva y se empeñará, a pesar de las dificultades, en la realización de sus legítimos intereses personales y sociales.

Él tendrá incluso la libertad (el derecho) de expresar, cuando esto corresponda de acuerdo con su voluntad y su entendimiento, la indignación saludable que induce a la denuncia y al combate contra la injusticia y la opresión que pueblan la vida de los hombres en una sociedad como la nuestra. La verdadera socialización, por lo tanto, no es una aceptación dócil, un compromiso sin exigencias, o una asimilación sin grandezas. Ella es una posibilidad humana que se desarrolla en la dirección de la persona equilibrada y del ciudadano pleno.

Es cierto que la socialización, entendida como una adaptación práctica a la vida social, es siempre algo deseable y francamente necesario, pero sus fundamentos serán siempre frágiles si ella no es capaz de traspasar este concepto y de abrirse para la persona del educando en toda su complejidad e integridad.

9. La contradicción entre la misión y los medios

Cuando solamente intentamos reponer al adolescente en dificultades los bienes materiales y no materiales de los que estaba privado —casa, comida, ropa, remedios, enseñanza formal, profesionalización, deporte, esparcimiento y actividades culturales—, estamos incidiendo apenas en la superficie del problema, sin alcanzar las dimensiones más profundas y más determinantes de su actitud básica frente a la vida. La intervención específica del educador, respecto de los dilemas y dificultades existenciales del educando, se basa en una relación personal positiva que lo lleve a encontrar el camino que lo retorne a sí mismo y a los otros.

Es frecuente que el educador se encuentre, al comienzo, con la puerta cerrada, o abierta sólo para los contactos estereotipados y formales de las personas que no tienen nada que decirse entre sí. Es necesario, por lo tanto, superar los contactos superficiales y efímeros y las intervenciones técnicas puramente objetivas. Solo la presencia podrá romper el aislamiento profundo del joven sin violar su universo personal. El sistema de atención, sin embargo, no fue pensado ni estructurado para satisfacer este orden de exigencias. La evolución histórica de la educación de los jóvenes en dificultades en Brasil ilustra bien este extravío:

• En una primera etapa la atención se caracterizó por una desconfianza a priori frente al educando y por una intervención del tipo correccional-represivo, que prevalecieron durante mucho tiempo. El SAM (Servicio de Asistencia al Menor), ligado al Ministerio de Justicia, fue sucedido por la FUNABEM (Fundación Nacional del Bienestar del Menor), que pasó a adoptar un nuevo enfoque. Esta fase, sin embargo, no ha sido tan superada como se piensa: sus efectos se prolongaron en el tiempo y acabaron por minar los esfuerzos de modernización y por sobreponerse a ellos, principalmente en lo que se refiere a los adolescentes a quienes se atribuye la autoría de un acto infractor.

• En la segunda etapa de esta evolución, la visión del adolescente en dificultades como elemento hostil y amenazador (enfoque criminológico de la peligrosidad) fue sustituida por el enfoque de la privación, de la carencia. La adopción de esta perspectiva llevó a la implantación de los equipos interdisciplinarios y a la ampliación y diversificación del espectro de atención, que pasó a cubrir un número mayor de necesidades de los destinatarios de los programas socioeducativos para adolescentes en dificultades y mejoró las condiciones técnicas y materiales de las unidades de atención. La verdad, sin embargo, es que este modelo nunca llegó a imponerse de forma completa. Las personas, los lugares y la cultura organizacional del pasado hicieron de él una realidad superpuesta a las maneras de entender y actuar heredadas de la fase correccional-represiva.

• La tercera etapa de esta alterada y sufrida trayectoria ve al actual sistema como una masa fallida en todos los niveles y aspectos. El panorama legal se reveló inadecuado y propiciador de las situaciones más deshumanizadas y arbitrarias. El ordenamiento político-institucional del área se mostró, en los últimos veinticinco años, parte del "desecho autoritario" que la sociedad brasileña hoy está llamada a desmontar, como parte del esfuerzo de saneamiento y de reconstrucción democrática de la vida nacional. Y, en lo que se refiere a aquello más vinculado actualmente con las formas de atención directa al adolescente en dificultades por problemas de conducta, la ineficacia y la degradación del sistema son tan evidentes que su descrédito ante los destinatarios y la sociedad como un todo lo tornó una realidad prácticamente imposible de ser revertida sin su deconstrucción total.

Por todo esto sostenemos que un ataque orgánico y consecuente a esta cuestión pasa por un sistemático esfuerzo de transformación profunda del cuadro actual. Este esfuerzo debe desdoblarse en tres frentes básicos de actuación:

a) cambios profundos en el panorama legal;

b) un audaz y amplio reordenamiento institucional, y

c) una efectiva mejora de las formas de atención directa a los adolescentes en dificultades.

La pedagogía de la presencia es parte del esfuerzo que se viene desarrollando en el tercer frente. No obstante, ella solo producirá respuestas efectivas y plenas en la medida en que se lleven a cabo cambios más amplios; en consecuencia, no podemos cruzarnos de brazos. Es necesario, como dice Paulo Freire, "hacer hoy lo que es posible hoy, para hacer mañana lo que es imposible hoy."

10. Reciprocidad: la dimensión esencial de la presencia

Aun cuando se reconozcan y hagan explícitas las inmensas dificultades presentes en el cuadro legal y político-institucional de la educación de jóvenes en situación de dificultad personal y social en el Brasil actual, no podemos dejar de reafirmar aquí, como hemos hecho en prácticamente todos los tópicos, la exigencia esencial de que la relación educador-educando sea una relación significativa, una relación de calidad. Sin esto, todos los recursos invertidos y los esfuerzos desarrollados o bien no obtendrán resultados, o bien sólo lograrán, como generalmente ha ocurrido entre nosotros, resultados inexpresivos, precarios y frágiles.

La verdad de la relación educador-educando, desde el punto de vista de la pedagogía de la presencia, se basa en la reciprocidad. En este contexto, la reciprocidad es entendida como una interacción en la que dos presencias se revelan mutuamente, aceptándose y comunicándose, una a la otra, una nueva consistencia, un nuevo contenido, una nueva fuerza, sin que, para esto, la originalidad inherente a cada una sea mínimamente puesta en tela de juicio.

La reciprocidad es, casi siempre, el factor que explica los éxitos que surgen de forma inesperada, cuando todas las esperanzas razonables ya habían sido descartadas. Detrás de estos resultados aparece siempre una persona clave, que consiguió mantener con el joven en dificultades una relación personal capaz de restituirle un valor en el que él mismo ya no creía. Alguien comprendió al joven y recogió sus vivencias, sentimientos y aspiraciones, se filtró a partir de su propia experiencia y le comunicó claridad, solidaridad y fuerza para actuar.

Muchos pretenden ver en los educadores que consiguen esto individualidades raras, personas excepcionales, dotadas de dones muy especiales y, por eso mismo, inimitables. Es más realista, sin embargo, tomarlas por personas comunes en las que ciertas cualidades no excepcionales se encuentran favorablemente conjugadas y suficientemente desarrolladas. Atribuir los resultados excepcionales a seres privilegiados es, en el fondo, renunciar a la posibilidad de obtener de sí mismo y de otros semejante desempeño.

La presencia abierta y solidaria del educador junto al educando será efectiva y estará en conformidad con el papel que de ella se espera, en la medida en que de sí nazca la reciprocidad que viene de su aceptación incial por parte del educando; de las llamadas —claramente expresadas o no— que él emite en dirección al educador, así como de la ampliación y de la profundización del contacto y de las respuestas que, a lo largo del proceso, el joven vaya emitiendo. Sólo la reciprocidad garantiza el valor de la presencia y respeta la libertad del otro.

El mismo educador se transforma en el curso de esa relación. Ya no pone en práctica ideas preconcebidas. Intenta controlar y criticar los medios de los que se vale. Entra en un ciclo de invención y de vida, buscando alcanzar en cada educando lo que él tiene de único y de esencial. Su acción gana en profundidad. Los conocimientos que adquirió son una luz que ilumina la lectura incesante que él hace del conjunto de lo que sucede a su alrededor. Su capacidad de entendimiento aumentó y sus intervenciones prácticas se volvieron más tranquilas y seguras. La esencia de la relación entre dos personas, donde una se inclina hacia la otra, donde una ocupa un espacio en la vida de la otra, todo esto constituye un tipo de reciprocidad.

Otro tipo de reciprocidad es operado por la misma persona en su relación consigo misma. Se trata de la adquisición del autodominio a través de sus potencialidades físicas, intelectuales y afectivas. El educando es constantemente llamado a superarse a sí mismo. Inicialmente esta experiencia es vivida sin una adhesión específica; después, ella se vuelve una fuente de gratificación. Esta conquista implica amor a sí mismo. La consecuencia es una interioridad que surge de los esfuerzos orientados hacia lo que en él nace y lo transforma sin que se pierda su identidad.

El tercer tipo de reciprocidad se relaciona en forma estrecha con los primeros. Es el momento en que el educando se siente llamado a fundir su dinamismo básico en actitudes socializadas, adaptadas a las convivencias de contextos humanos más amplios –familia, escuela, comunidad, trabajo–, pero que guardan correspondencia con su propio movimiento de autoedificación. La simpatía es la resultante más elevada de esta dimensión de la reciprocidad.

La simpatía de un grupo humano representa, para quien goza de ella, la señal de que el valor que le es propio fue reconocido. Es una forma de homenaje rendido a la persona. Cuando esta dimensión no existe o fue excluida de la vida de alguien, provoca siempre una amarga decepción. Es difícil para una persona soportar una indiferencia por la cual le hagan sentir que su vida no representa nada. Es extremadamente importante para el adolescente en dificultades que esta simpatía, una vez desencadenada, tenga continuidad; él contribuirá también a su manera para que esto ocurra, al mismo tiempo que emerge de sí mismo y se va librando de sus dudas.

Considerar a los adolescentes en dificultades como universos cerrados y yuxtapuestos, descuidando los lazos que los constituyen como personas, equivale a concebir el medio social sobre la base de simples relaciones de coexistencia que es suficiente moderar, o sea, a hacer de la vida social un conglomerado de soledades.

11. La relación educador-educando: algunos obstáculos básicos

Cuando se considera la importancia que tiene para el adolescente en dificultades la presencia del educador, nos volvemos conscientes de ciertas deficiencias de las personas e instituciones sobre las que vale la pena llamar la atención:

a) El trabajo educativo, preocupado solo en readaptar al adolescente en dificultades, tiende siempre a ignorar el estado de soledad y abandono al que él fue relegado, debido a su manifestación de conductas no aceptadas, antes de que la sociedad se preocupara por él. Llamar la atención del joven en forma continuada e insistente sobre la gravedad social de sus actos es un recurso que, además de ser inútil, frecuentemente contribuye al fracaso de la acción educativa. El educando centraliza todo en el mal que sufre y busca prioritariamente cualquier cosa que pueda darle un poco de alivio y satisfacción.

b) Algunas veces el joven en dificultades se da cuenta de que no ocupa un lugar importante en las preocupaciones de su educador. ¿Qué posibilidad tendría, entonces, de comunicarle lo que lo está atormentando? Cuando esta situación se prolonga, lo que ocurre es el alejamiento y la incompatibilidad entre el educador y el educando, lo que genera una barrera difícil de atravesar.

c) Las intervenciones disciplinarias mal conducidas constituyen otro problema de la mayor gravedad. Hay errores que traen aparejada una sanción y hay errores que no. Cuando la utilidad de la sanción es evidente, ella debe ser efectuada de tal modo que los sentimientos íntimos del afectado no sean heridos. Las sanciones que surgen del deseo de dominar al rebelde o de servir de ejemplo para los demás, son particularmente condenables. El educador debe ser exigente. No debe nunca, sin embargo, priorizar la exigencia por sobre la comprensión.

d) La administración de algunos problemas socioeducativos oficiales es otra fuente de obstáculos muy graves. La atención burocrática al adolescente en dificultades hace que él se sienta como un papel que está en trámite de repartición en repartición, en forma impersonal y descuidada. Este comportamiento refuerza el carácter abstracto de la relación educativa y destruye en el joven cualquier esperanza de atención, de solicitud, de abrigo, de la cual él hubiese podido ser portador al llegar allí.

e) Ciertas concepciones de su función impiden que el educador asuma el papel fundamental que de él se espera en la vida del educando: ayudarlo a encontrarse a sí mismo y a los otros. Cualquier idea demasiado abstracta y formal de su papel tiende a desmoronarse frente a los hechos del día a día. La práctica exige en todo momento iniciativas enriquecidas y perfeccionadas por factores de lo más imprevisibles.

Cuando el educador está alerta a estos problemas, se previene contra estas formas de alienación que amenazan su esfuerzo junto al joven en dificultades. La resistencia por parte del educador a ciertas maneras de entender y actuar, arraigadas por años en la rutina institucional, es frecuentemente saludable para el proceso educativo. Nacida, a veces, sólo de una intuición que dice que ése no es el camino, esta resistencia interior presiona en el sentido de la creatividad, de la invención y del cambio cualitativo del proceso.

12. La autoridad en la pedagogía de la presencia

El adolescente en dificultades se inclina hacia aquellas relaciones que no le pidan cuentas sobre lo que él es, no muestren resentimiento por lo que parece ser ni intenten imponerle lo que debería ser. Él aspira a una relación verdaderamente humana y no a una forma de coexistencia con un grupo de personas y con un reglamento.

Infelizmente, es esta segunda hipótesis la que se materializa con más frecuencia en el trabajo de aquellos programas dirigidos a los jóvenes más difíciles. Los educadores, a través de recompensas y sanciones, consiguen evitar ciertas manifestaciones consideradas negativas por parte de la mayoría de los educandos atendidos. Este barniz, no obstante, cae fácilmente cuando el equipo no consigue producir y alimentar, en los contactos personales y en el medio ambiente que resulta del conjunto de las relaciones, un nivel de calor humano capaz de propiciar un clima favorable a la aceptación y al abrigo mutuos.

Muchos educadores entienden que, encaradas de esta forma, las relaciones se tornan, de hecho, una invitación al abandono de las reglas de convivencia en la comunidad educativa. Esta duda no tiene razón de ser. En verdad, esa introducción de la reciprocidad en las relaciones educador-educando es el factor capaz de llevar al joven a integrar normas y autoridades, revistiendo la relación educativa de su verdadero significado.

El educador debe crear en el trabajo cotidiano dirigido al joven en dificultades oportunidades concretas, acontecimientos estructuradores que evidencien la importancia de las normas y los límites para el bien de cada uno y de todos. Sólo así, el joven comienza a comprometerse consigo y con los otros. Es de este compromiso que nacen las vivencias generosas y el calor humano, bases del dinamismo capaz de enriquecer y de transformar su vida.

Los acontecimientos estructuradores son las actividades que se muestran capaces de, en la secuencia de una preparación psicológica concreta, llevar al educando a asumir compromisos desinteresados y renuncias en favor de intereses y objetivos que no son más estrictamente suyos, sino de otra persona o del grupo donde él se inserta. Esta liberación no ocurre de manera súbita, rápida e irreversible. El proceso es lento, implica idas y venidas, y puede, en ciertos casos, resistir por mucho tiempo; además, cambia de un joven a otro.

Esta invención, hecha por el educador, de situaciones concretas, a través de las cuales el adolescente en dificultades parte hacia el encuentro y el descubrimiento de los otros, lo lleva a adquirir la solidez necesaria para tolerar las frustaciones y buscar las gratificaciones siempre entrelazadas en la unidad dinámica de la vida. En la construcción y el direccionamiento de estas oportunidades educativas el educador es llamado a asumirse en la dimensión de autoridad. Una autoridad que solo tiene sentido en la medida en que se coloca al servicio de la emancipación del educando.

El papel de la autoridad no es, de ningún modo, distanciar al educador del adolescente, imponiéndole una actitud recelosa, sumisa y reverencial. Al contrario, la autoridad del educador tiene la función no sólo de delimitar la conducta del educando, en aquello que él tiene de amenazador para sí y para los otros, sino también la de impulsarlo en la dirección de otras formas de convivencia consigo mismo y con las demás personas.

No podemos ser tan ilusos. Muchos educandos ven a los educadores como los representantes de la sociedad a la que ellos, consciente o inconscientemente, responsabilizan por su sufrimiento. Para ellos, todas las otras violencias que sufrieron se continúan por intermedio del educador que se empeña en llevarlos a aceptar algunas reglas básicas de convivencia, reglas de un mundo que ellos todavía no reconocen como suyo. La única manera de enfrentar esa dura realidad es asegurar a los educandos el derecho de participar en la elaboración, discusión y revisión de las normas de manera que comprendan su origen y su finalidad. Intentar imponerles normas "desde afuera y desde arriba", pretendiendo así orientar sus pasos, será siempre una actitud recibida con indiferencia u hostilidad. Es como intentar hacer felices a las personas contra su voluntad.

Muchas veces el educador es engañado por sus intenciones más correctas. Fácilmente les otorgamos un valor propio, independiente de las situaciones y de los condicionamientos, en el seno de los cuales ellas se deben expresar. Por eso, un realismo sano llevará siempre al educador a buscar, en primer lugar, en sí mismo la causa de sus dificultades, antes de atribuirlas a la institución, a las leyes y, en último análisis, a la propia estructura de la sociedad. Porque es cierto que, en todos estos niveles, las causas existen y serán encontradas.

La verdadera autoridad nace menos del conocimiento que se tiene del educando y de sus dificultades, que de la capacidad del educador de (re)conocerlo y aceptarlo. Quien conquistó esta autoridad nacida del (re)conocimiento puede y debe actuar con firmeza siempre que lo juzgue necesario. Su "sí" y su "no" son emitidos con franqueza y solidez. El educando conoce y reconoce todo lo que el educador trabajó y actuó para su interés y el de sus compañeros.

El educador, que así entiende y practica la autoridad, se libera del miedo y de la incertidumbre. No se empeña por el prestigio o la popularidad. Él está, ahora, liberado de sí mismo, encara al educando de frente y le transmite lo mejor de sí mismo. El educando percibe de algún modo que, más allá de los límites y de las restricciones, alguna cosa buena, esencial para su crecimiento le está siendo transmitida por ese adulto significativo que él tiene frente a sí.

13. La selección y el perfil básico del educador

Las personas que se propongan asumir esta modalidad de trabajo educativo junto a adolescentes en dificultades deberán presentar, en el examen médico, además de solidez en los aspectos físico y psicológico, una cierta capacidad de resistencia a la fatiga y de autodominio de los impulsos. Estas cualidades son extremadamente necesarias, son requisitos incluso para seguir o no adelante en el proceso de selección.

A medida que la selección sale del plano físico y pasa a examinar otro orden de cualidades, las cosas se vuelven más complejas. Algunos aspectos objetivos, como las deficiencias intelectuales y rasgos de carácter incompatibles con el trabajo, como la agresividad o la timidez excesiva, son fácilmente detectables. Hay aspectos, sin embargo, que normalmente no se hacen evidentes con los procesos convencionales de entrevistas, tests y exámenes. Es necesario, entonces, disponer de tiempo para evaluar de forma más criteriosa ciertas cualidades y aptitudes.

Esto implica, naturalmente, un segundo nivel de decisión que deberá tener una orientación básicamente operacional, y que consiste en una etapa de prueba efectuada junto a los propios jóvenes. En esta fase, deben ser observadas tres características con todo cuidado, y su ausencia o definición poco nítida serán motivo suficiente para no recomendar la efectivización de una persona en el trabajo directo con los jóvenes en dificultades.

La primera de esas características es poseer una inclinación sana hacia el conocimiento de los aspectos de la vida del adolescente que testimonian sus dificultades y su potencial para superarlos. Esta aptitud básica no es intelectual de ningún modo; antes, ella implica simpatía, compromiso, solidaridad, o sea, capacidad de relacionamiento positivo con cualquier tipo de joven, independientemente de lo que haya hecho o de lo que aparente ser.

La segunda aptitud reside en la capacidad de autoanálisis. La función exige mucho incluso en este aspecto. Sólo a partir de una conciencia de sí mismo aguda, el educador podrá percibir correctamente qué parte de su personalidad está proyectando en cada acción. Sin esta apertura hacia la interioridad, la propensión del educador es atribuir todas las cosas negativas que ocurren al propio educando y a sus condiciones de trabajo, eximiéndose de colocarse a sí mismo como parte de los problemas. La capacidad de autocrítica, a la luz de la acción, obliga a una honestidad intelectual y a una cierta humildad, sin las cuales proliferan las coartadas de una conciencia propensa a tornarse cada vez más elástica, más laxa, más acomodada.

En cuanto a la tercera disposición, ella está condicionada por las dos primeras que, de hecho, presiden su ejercicio. Se trata de la apertura, de la capacidad de dejar penetrar su vida por la vida de los otros, de modo de captar sus llamadas y responder a sus dificultades e *impasses*. Sin la pretensión de comentar esta cualidad, diremos solamente que ella es esencial, porque si esa disposición interior está ausente, la aceptación no se materializa y la reciprocidad se torna un objetivo inalcanzable.

Tales aptitudes deben ser consideradas en profundidad, para evitar las apariencias engañosas y fraudulentas con que pueden manifestarse, por ejemplo, en una entrevista o un examen escrito. La presencia de esas calidades equilibra y aun releva otras limitaciones e insuficiencias presentadas por la persona que se propone para actuar en esta área. Por eso consideramos que es solamente en la etapa de selección que es posible confrontarlas con más seguridad y criterio. Generalmente, los perfiles exigidos de los educadores constituyen una acumulación abstracta de todas las cualidades humanas: físicas, intelectuales, psicológicas, morales. Hoy ya se percibe que la naturaleza no genera este tipo de fenómeno y que las ciencias del hombre no acumularon todavía recursos suficientes para producirlos en cantidad. Es mejor, por lo tanto, basar la selección de personas para el trabajo en criterios selectivos fundamentales, aplicables a personas comunes, admitiendo siempre un margen inevitable de error y de incertidumbre con el cual tendremos que aprender a convivir sin angustias y tensiones inapropiadas.

El primer instrumento debe ser la entrevista u otras formas de contactos despojados de cualquier tecnicismo, favorables a la expresión personal de quien se candidatea para el trabajo. El otro instrumento fundamental es la primera etapa de aprendizaje práctico que, sin excluir otras formas como tests y exámenes, nos parece el elemento decisivo de un proceso de selección. Ella debe tener una duración suficiente para que, realmente, se pueda percibir la calidad del desempeño de los educadores en el "cuerpo a cuerpo" con los educandos y sus dificultades. Una preocupación necesaria en esta fase del proceso es la de no exponer excesivamente los jóvenes a la inexperiencia y a los experimentos de los aprendices y sus supervisores. Tal error puede tener consecuencias sumamente lamentables.

El aprendizaje práctico, además de selección, es también y primordialmente capacitación para el trabajo. El practicante es llevado a ver y comprender, a evaluar y evaluarse, a descubrir las implicancias esenciales de su trabajo a partir de los contactos que asimiló y de las situaciones de las que fue testigo. El proceso de selección es mutuo y recíproco: el trabajo selecciona la persona y la persona asume el trabajo como una parte de sí misma.

14. Libertad y educación

El primer error que se comete, cuando tratamos la cuestión de la libertad, es negar los condicionamientos psicológicos y sociales o subestimar su importancia. El error inverso es negar la posibilidad de que el hombre sea libre por estar, tanto en términos personales como sociales, determinado.

La ciencia no impone ninguna de estas conclusiones. Somos nosotros mismos quienes, con frecuencia, polarizamos estas visiones haciéndoles asumir formas opuestas, abstractas, extremas. Esta incompatibilidad no existe en la realidad concreta; más bien se trata de una idealización y una formalidad. En la vida, las cosas están enmarañadas y no es posible separarlas en nuestros esquemas mentales.

Los condicionamientos conforman los comportamientos humanos de modo tan evidente, que parece innecesario exigir pruebas. La libertad, por otro lado, es la conquista existencial y social básica que pasa necesariamente por la experiencia, por la vivencia concreta e intransferible del acto liberador. Ella exige compromiso consigo mismo y con los otros, y la disposición de correr riesgos y asumir responsabilidades.

La libertad se confunde con la aventura humana. Siempre nos asusta un poco. Comienza en el momento en el que aceptamos, para alcanzar algun objetivo que juzgamos relevante, arriesgar la seguridad biológica o el equilibrio psíquico y el bienestar socioeconómico en los cuales fundamos los cimientos de nuestra vida.

Los condicionamientos que conforman la existencia no dependen de nosotros para actuar. No tenemos que trabar un combate para que ellos ejerzan sobre nosotros su fuerza. Ahora bien, la experiencia de la libertad sólo es posible a través de una activa colaboración de la voluntad. La libertad se dirige a conquistar alguna cosa más allá de lo que somos y de lo que poseemos. Ella es una conquista continua y siempre implicará obstáculos, incertidumbres y riesgos.

La cuestión de la libertad en la actividad educativa junto al adolescente en dificultades es una de las que más requieren claridad y equilibrio por parte del educador. Los jóvenes identifican en la libertad un derecho que antecede todo el resto. Para conquistarlo o ensanchar sus fronteras, son, a veces, capaces de iniciativas que nos parecen de lo más disparatadas.

Corresponderá al educador procurar ayudarlo en el sentido de imprimir una direccción constructiva a ese impulso irreprimible.

Cuando, no obstante, el educando está perdido de sí mismo, esta búsqueda se convierte en la búsqueda de su propia identidad. Los fundamentos de su personalidad se encuentran conmocionados. En su vida hay un vacío de calor y de presencias humanas, un vacío insoportable que él precisa, de alguna forma, llenar. El papel del educador será facilitarle el acceso a esos bienes perdidos, a través de la confrontación con su realidad y con los límites que ella le impone y las posibilidades que implica. Es a partir de la comprensión de este cuadro y del descubrimiento de que es posible actuar frente a él y modificarlo, que el adolescente en dificultades vivenciará la experiencia intransferible de sentirse autor de su vida, de sentirse libre frente a sí mismo y a la circunstancia en la que fue llamado a existir.

Cuando haya efectuado esta conquista, el joven la usará como base sobre la cual construirá su vida. Ahora, ya de acuerdo consigo mismo y con los otros. Él la usará inclusive como su respuesta a las exigencias que lo invitan a superarse y sortear los obstáculos que encuentra frente a sí.

La tarea del educador es hacer todo lo que esté a su alcance para que, por fin, el educando descubra y comience a andar su camino. Así percibida, la libertad es mucho más que la no restricción. Más que condición, ella es, sobre todo, el producto de un proceso educativo con frecuencia trabajoso y difícil.

15. Al servicio del desarrollo personal y social

La presencia es, como vimos, una exigencia constante para el desarrollo de la personalidad y la inserción social de todo ser humano. Del principio al fin, la vida de cada uno de nosotros se traduce en un deseo constante de presencia. Cuando estos vínculos no existen, o son demasiado frágiles y se rompen, todo el dinamismo se disipa. La vida se torna absurda y vacía de sentido y la conducta se deteriora y degrada cada vez más.

Las manifestaciones delictivas de los jóvenes asumen formas inquietantes a las cuales el Estado y la sociedad procuran responder con mecanismos caducos de vigilancia, de represión y de segregación y, en Brasil, incluso de exterminio. Esta forma de relacionarse con el problema ignora, en todas las etapas de su desarrollo, una de las necesidades más urgentes e íntimas del ser humano en todas las épocas: la necesidad de encontrarse a sí mismo para, entonces, encontrar a los demás.

La comprensión de este hecho implica un nuevo camino para la educación de los jóvenes en dificultades. Un camino que parte del reconocimiento de que, en esta modalidad de acción educativa, lo que cambia es apenas el momento, el tipo de intervención y la receptividad del educando. En el educando que estamos tratando, existen las mismas posibilidades que en cualquier otro; él pasó, no obstante, por la agotadora experiencia de la privación y de la brutalidad, haciendo que su vida entrara por un camino de agitación y de incertidumbre. Una educación verdaderamente positiva es la que intenta devolver al educando el camino de su liberación.

No basta, por lo tanto, con preparar un futuro adulto que pueda insertarse de forma productiva y útil en la sociedad. Es necesario más. Es necesario encontrar y desarrollar en él todo lo posible, todo lo bueno que trajo consigo al nacer. Sólo así el joven no será reducido por nosotros a sus deficiencias y a sus actos contra la moral y las leyes.

Frente a los jóvenes seriamente perturbados, un educador que actúa en la línea de la pedagogía de la presencia, puede ser un apoyo de relevancia decisiva. Al asumir la función educativa en toda su extensión, el educador percibe claramente la singularidad de su lugar y de su papel en la sociedad. Él visualiza, como pocos, los factores de origen social que conmocionan y a veces destruyen los fundamentos de la vida personal de la infancia y la juventud de las capas más pobres de la población. Pero la lucha por la democracia y la justicia social no deben, de ninguna manera, desviarlo de la necesidad de comprender y de aceptar al ser humano, más allá de las realidades que emergen de su inserción en la sociedad.

Al ejercer su función específica, guiado por una conciencia transformadora y crítica de la realidad, el educador reconocerá que los dos polos de su actividad, el desarrollo personal y el desarrollo social del adolescente en dificultades, son dos caras de una misma moneda. Él sabe, más que nadie, que la presencia del joven en sí mismo es la condición de su presencia en los otros, en todos los espacios donde se verifica su socialización: familia, escuela, comunidad, trabajo y otros.

Más que responder a las exigencias y temores de este tiempo de crisis, el educador tiene que orientar su actuación hacia las necesidades humanas y materiales de los adolescentes.

Su acción cotidiana debe manifestarse en la persona del educando. Por último, las circunstancias de vida del joven le muestran al educador, de forma permanente, que él, en cuanto ciudadano, tiene muchos motivos para unirse a las personas que se empeñan en el cambio de la sociedad, para que ésta pueda tornarse un lugar capaz de permitir a todo joven encontrarse a sí mismo y a los otros y mirar sin miedo hacia el futuro.

Parte II

Educador-educando: Una relación de ayuda

"El único significado de la vida es crecer. Ningún precio es demasiado alto para el crecimiento. Con sólo comprender esto, puedes ayudar a alguien a crecer."

ROBERTO R. CARKHUFF

1. En busca de un modelo operativo

El trabajo social y educativo junto al adolescente en dificultades tiene como escenario lugares y circunstancias de las más variadas. Existe, sin embargo, un conjunto constante de elementos que caracterizan la modalidad y la especificidad de la acción educativa de que estamos hablando: la presencia de un joven, en situación de dificultad personal y social que se refleja en su conducta, y la de un adulto que, basado en su experiencia, procura ayudarlo y orientarlo, para que él encuentre su camino en la vida.

El marco de esa relación podrá ser un programa de educación de calle, un programa comunitario de orientación socioeducativa y de preparación para el trabajo, un programa de libertad asistida institucional o comunitaria, un centro de defensa jurídico y social, un establecimiento para atención, en un régimen de privación o de restricción de la libertad, de jóvenes con problemas más graves de conducta.

En el ámbito diverso de las acciones programáticas específicamente dirigidas a jóvenes en circunstancias de mayor dificultad, esta relación se dará también en otros contextos: como una actividad de personas comprometidas junto a jóvenes, fuera de cualquier programa estructurado para este fin específico, como ocurre con los padres, profesores y técnicos en educación, religiosos, profesionales de la salud, responsables de actividades en las áreas de deporte, cultura, esparcimiento y, de modo muy especial, cualquier adulto que, frente a un joven en circunstancias difíciles, se decida a hacer alguna cosa.

Hablamos mucho sobre la pedagogía de la presencia. Vimos en la presencia una necesidad básica, un elemento esencial para que el joven pueda encontrar el camino para sí mismo y para los otros. ¿Cómo, sin embargo, mejorar el desempeño de las personas que actúan junto a adolescentes en esta dimensión crucial de la acción dirigida a ellos? Sabemos que una comprensión articulada, amplia y profunda del sentido de la presencia es relevante, imprescindible incluso, pero que, por sí sola, no es suficiente para promover los cambios que se hacen necesarios en la acción educativa.

La verdad es que las nuevas maneras de entender resultan de poca o ninguna utilidad, si no se reflejan de modo nítido en las maneras de actuar de los que trabajan directamente junto a los jóvenes en situación de dificultad personal y social. Esta constatación nos coloca frente a la necesidad de buscar caminos que, en el plano operacional, nos permitan desarrollar en las personas que trabajan con estos educandos cotidianamente, aptitudes, hábitos, actitudes y habilidades favorables a la presencia.

Si creíamos, como todavía creemos, que la capacidad de aceptar, comprender y orientar a un joven en dificultades puede ser, a partir de ciertas disposiciones personales básicas, adquirida o sustancialmente mejorada, fue necesario encontrar un enfoque sobre la base del cual emprender la capacitación de los educadores y otros adultos, para que asuman el papel de presencias significativas en la vida de los jóvenes a quienes dirigen o pretenden dirigir su trabajo social y educativo. Hemos encontrado este enfoque en el modelo de relación-de-ayuda desarrollado por Robert Carkhuff, a partir de estudios preliminares de Carl Rogers, en un esfuerzo del cual también participó Bernard G. Bereson y que tuvo, como ámbito inicial, el campo de las relaciones terapeuta-paciente, y se extendió posteriormente al trabajo social y educativo y a todas las situaciones de relación interpersonal entre alguien que ayuda y alguien que, en un cierto momento de su vida, precisa de ayuda.

Así, el modelo de relación-de-ayuda propuesto por Carkhuff se aplica a un amplio espectro de relaciones. Su intención y preocupación básicas son atender las exigencias sociales de modo que los beneficios de las investigaciones y descubrimientos, provenientes de los avances en el campo de la psicología, puedan auxiliar también a los profesionales de otras áreas. La fecundidad y el alcance de ese enfoque en el campo de la pedagogía quedaron para nosotros evidenciados a partir del conocimiento que trabamos con el trabajo *Paradigma de orientación educacional* de la profesora Lais Esteves Loffredi. En esta obra, la autora estructura un modelo de orientación educacional que tiene como eje central del andamiaje teórico y de las propuestas de organización de las actividades prácticas las ideas de Carkhuff.

En los años siguientes, a partir de un entrenamiento que hicimos del modelo de relación de ayuda, introdujimos estas concepciones y prácticas en nuestro trabajo con niñas difíciles en la Escuela FEBEM Barão de Camargos, en Ouro Preto, en el cual reciclamos todo nuestro equipo sobre la base del modelo de Carkhuf. Los resultados fueron meritorios, y de una relevancia e impacto tan evidentes que, a partir de allí, pasamos a alimentar el proyecto, recién ahora realizado, de producir un trabajo sobre la educación de jóvenes en dificultades basado en ese enfoque, que consideramos de importancia fundamental para nuestra área de actuación.

2. Presencia y significación en la relación de ayuda

Muchas personas pasan por nuestra vida. Pocas, no obstante, son capaces de hacerse realmente presentes en nuestra existencia. Menos aún son aquellas cuya presencia, por la influencia constructiva que ejercieron sobre nosotros, asumen una significación que el tiempo no es capaz de borrar. Esas son las personas significativas de nuestras vidas.

Significar es asumir, frente a alguien o a algo, una actitud de no-indiferencia. Cuando dejamos de ser indiferentes frente a algo, aquello asume para nosotros un valor. Este valor podrá ser grande o pequeño, positivo o negativo, constructivo o destructivo. Es de esta valoración que hacemos de la influencia de alguien sobre aquello que somos, que nace el significado de esta persona para nosotros, así como el valor que, en determinado momento o fase, esta vida tiene para nuestra vida.

¿Qué hay de común entre las personas que son capaces de ejercer influencia constructiva sobre otras, de modo de volverse para ellas, personas significativas? Al detenernos en el análisis de estas personas, constatamos que ellas concentran en sí varias habilidades para trabajar con otras personas; es decir, poseen habilidades interpersonales. Las habilidades interpersonales fueron revestidas de un nuevo significado para la comprensión y la práctica del proceso de ayuda cuando se comprobó que, independientemente del enfoque teórico y de los métodos y técnicas empleados por los terapeutas, la mejoría o el empeoramiento de los pacientes se revelaba una función de las actitudes asumidas por el responsable del tratamiento.

En *Construyendo la relación de ayuda,* Clara Feldman y Marcio Lucio de Miranda (1983) presentan las seis dimensiones básicas (actitudes constructivas), identificadas por Rogers y Carkhuff en la relación terapéutica, pero que son válidas para el proceso de ayuda como un todo:

1. *Empatía*: capacidad de colocarse en el lugar de otro, de modo de sentir lo que se sentiría si se estuviera en su lugar.

2. *Aceptación incondicional o respeto*: capacidad de aceptar a otro integralmente, sin que le sean colocadas cualesquiera condiciones y sin juzgarlo por lo que él es, siente, piensa, habla o hace.

3. *Congruencia*: capacidad de ser real, de mostrar-

se al otro de manera auténtica y genuina, expresando a través de las palabras o los actos los verdaderos sentimientos.

4. *Confrontación*: capacidad de percibir y comunicar al otro ciertas discrepancias o incoherencias en su comportamiento —distancia entre lo que habla y lo que hace, entre lo que habla y lo que es en realidad, entre lo que habla y lo que muestra—.

5. *Inmediaticidad*: capacidad de trabajar la propia relación terapeuta-paciente, abordando los sentimientos inmediatos que se experimentan por el otro durante el proceso.

6. *Concreticidad*: capacidad de decodificar la experiencia del otro en elementos específicos, objetivos y concretos para que él pueda comprender su experiencia, a veces confusa.

¿Qué pasa, en la persona ayudada, cuando estas dimensiones (empatía, respeto, congruencia, confrontación, inmediaticidad y concreticidad) están presentes en las actitudes de aquel que ayuda? Los mismos autores nos muestran los cambios que ocurren en la persona ayudada:

1. *Cambio en los constructos personales*: transformaciones de las creencias y valores que orientan el relacionamiento del ayudado consigo mismo y con el mundo a su alrededor, en el sentido de una flexibilidad de estos valores, inicialmente rígidos.

2. *Proximidad de la experiencia*: habilidad del paciente de desarrollar autoconocimiento a través de un contacto cada vez más próximo con su experiencia.

3. *Entrega al relacionamiento*: confianza en relación al terapeuta, de modo de abrirse a él libremente en el transcurrir del proceso.

4. *Cambio en la expresión de los problemas*: movimiento del paciente en relación con el contenido de sus verbalizaciones, en el sentido de expresar, cada vez más, el contenido interno (referente a su propia persona) y menos el contenido externo.

La identificación de las dimensiones que deben estar presentes en la persona que ayuda (empatía, respeto, congruencia, confrontación, inmediaticidad y concreticidad) y de sus efectos sobre la persona ayudada permitió el conocimiento de los elementos constitutivos de una relación de ayuda efectiva y plena. ¿Cómo hacer, no obstante, para que este contenido se torne operativo, esto es, se desarrolle de una forma posible de ser enseñada y aprendida por las personas interesadas en desenvolver sus actividades en el campo de la ayuda?

La respuesta a esta cuestión fue dada por Carkhuff, a través del desarrollo de su modelo de ayuda. Este modelo consiste en la operacionalización de las dimensiones de la relación-de-ayuda y de sus efectos sobre el ayudado. Esta operacionalización abarca las habilidades del ayudador (de ahora en más ayudante) y los comportamientos del ayudado en el curso del proceso de cambio.

Así, tales habilidades se tornan observables, mensurables, transmisibles y entrenables, contribuyendo decisivamente para que la capacidad de ayudar deje de ser una cualidad personal innata, que solo personas dotadas de dones especiales son capaces de tener y de ejercer plenamente.

Asimismo, según el modelo presentado en *Construyendo la relación de ayuda,* estas habilidades básicas son cuatro:

1. *Atender:* comunicar, de maneras no verbales, disponibilidad e interés por el ayudado.

2. *Responder:* comunicar, corporal y verbalmente, comprensión por el ayudado.

3. *Personalizar:* mostrar al ayudado su fragmento de responsabilidad en el problema que está viviendo.

4. *Orientar:* evaluar, con el ayudado, las alternativas de acciones posibles y facilitar la elección de una de ellas.

A medida que el ayudante atiende, responde, personaliza y orienta, el ayudado comienza a comportarse de modo de promover su propio cambio. Estas son las fases por las cuales él pasa durante el proceso de ayuda:

1. *Involucrarse:* capacidad de entregarse al proce-

so de ayuda, iniciando la expresión corporal y verbal de sus problemas.

2. *Explorar:* capacidad de evaluar la situación real en que se encuentra en el momento del proceso de ayuda —sus problemas, déficits, insatisfacciones— y de definir con claridad *dónde está.*

3. *Comprender:* establecer relaciones de causa y efecto entre los varios elementos presentes en su vida —como si estuviera juntando las piezas de un rompezabezas— de modo de definir su meta: *adónde quiere llegar.*

4. *Actuar:* moverse del punto *en donde está* hacia el punto *donde quiere llegar,* eligiendo, para eso, el mejor camino o programa de acción: *cómo llegar allí.*

Las interrelaciones entre las habilidades del ayudante y los comportamientos del ayudado pueden ser representadas de las siguientes maneras:

Ayudante: atiende, responde, personaliza, orienta.

Ayudado: se involucra, explora, comprende, actúa.

Este conjunto de etapas se descompone en dos grandes fases:

a) fase inicial, y

b) fase de respuesta.

Así tenemos:

Ayudante: atiende, responde, personaliza, orienta.

Ayudado: se involucra, explora, comprende, actúa.

    a) Fase de respuesta   b) Fase inicial

3. Caracterizando la relación de ayuda

En *Paradigma de orientación eduacional*, la profesora Lais Esteves Loffredi (1979) presenta diez características de la relación de ayuda, seleccionadas por Shertzer y Stone (1972). Estas características, advierte ella, se refieren a la relación de ayuda de modo amplio, traspasando, así, el ámbito de las llamadas profesiones de ayuda. Son ellas:

1. *Sentimiento:* "La relación de ayuda tiene sentido porque está relacionada con determinada situación para la cual se busca solución, implicando un compromiso mutuo donde ocurre una interacción personal que exige cierto grado de profundidad".

2. *Expresión de afecto:* "En la relación de ayuda se expresa afecto; a pesar de la relevancia de los factores cognitivos, son los factores afectivos los que sustentan el proceso por la sensibilidad mutua de los participantes, garantía del equilibrio en la relación".

3. *Totalidad:* "En la relación de ayuda se manifiesta la persona total. La totalidad es la cualidad

reparadora de la relación, en el sentido de que los participantes se presentan y se aceptan tal como son, o sea, auténticamente".

4. *Consentimiento mutuo:* "La relación de ayuda se da por consentimiento mutuo de los participantes. A pesar de que algunas relaciones sean establecidas por fuerza de una función, como en el caso padre-hijo, profesor-alumno, está implícito el consentimiento previo de asumir las responsabilidades inherentes al papel, por lo menos por parte de quien ofrece ayuda. No obstante, la relación de ayuda sólo se establece satisfactoriamente cuando ambos –quien da y quien recibe ayuda– participan de la relación libremente".

5. *Expectativa:* "La relación ocurre porque la persona que pide ayuda necesita información, instrucción, consejo, auxilio, comprensión o tratamiento y espera que la otra persona pueda ofrecerle esto. La confianza en el conocimiento y en la competencia de quien ayuda es esencial a la relación".

6. *Comunicación e interacción:* "La relación de ayuda se da por la comunicación y la interacción. Una y otra son cognitivas y afectivas, de contenido positivo o negativo, y serán establecidas por la comunicación verbal y no verbal".

7. *Estructuración:* "La relación de ayuda es una situación estructurada que comienza cuando, por

consentimiento mutuo, los participantes se encuentran frente a frente y la persona que pide ayuda percibe que será un agente del proceso y no apenas un paciente que entrega a otro la responsabilidad por lo que vaya a ocurrir. No obstante, la competencia de quien ofrece ayuda es la que permite la situación en que la participación se realiza a través de la experiencia vivencial de cada uno. La estructura puede variar según el tipo de relación, pero estará siempre constituida por estímulos y respuestas, resultantes de las necesidades de los participantes de la relación".

8. *Cooperación:* "La relación de ayuda está caracterizada por el esfuerzo cooperativo; esta característica es consecuencia de la anterior, pues el esfuerzo cooperativo comienza por la percepción por parte de quien recibe ayuda, de que el éxito del proceso depende también de él. Esta percepción intensifica y profundiza la estructura de la relación. Quien ayuda se coloca a disposición del otro, dándole la libertad de aceptar o rechazar lo que le parece apropiado, favoreciendo así, por la selección de recursos, el descubrimiento de formas más adecuadas de actuación".

9. *Accesibilidad y seguridad:* "La persona que ayuda es accesible y se muestra segura. En verdad es accesible porque se siente segura y, por lo tanto, abierta al otro, siendo capaz de presentarse constantemente estable, actuando como apoyo de aquel que se

siente, por lo menos temporariamente, inseguro e inestable".

10. *Orientación para el cambio:* "El objeto de la relación-de-ayuda es el cambio; la persona se modifica por el aprendizaje, a través de una nueva percepción de sí misma, de su situación y del ambiente, que se expresa en un cambio de actitud".

4. La relación de ayuda en los programas socioeducativos a adolescentes en dificultades

Una vez definidos, desde el punto de vista conceptual, los presupuestos y características básicas de la relación-de-ayuda, nos dedicaremos, hasta el final del libro, a la formulación de una estrategia específica para las personas que actúan en los programas socioeducativos dirigidos a adolescentes en dificultades. Para ello es necesario entender la relación educador-educando como el esfuerzo cooperativo desarrollado por todos los miembros del equipo del programa, los cuales tienen en los educandos sus interlocutores y socios básicos y primordiales.

Para implementar la estructuración y el funcionamiento de las oportunidades educativas en esta línea, hay que enfatizar, en la actuación del equipo, los aspectos relacionados con las habilidades interpersonales, a través de la adopción de un paradigma común de acción que posibilite la creación de un ambiente favorable al desarrollo pleno de las relaciones interpersonales. En consecuencia, es necesario movilizar e integrar los esfuerzos del equipo para convertir el programa como un todo en un contexto que facilite el crecimiento del adolescente en el sentido de la superación de sus *impasses* y dificultades, a través de relaciones que le posibiliten el aprendizaje significativo de nuevas actitudes y habilidades.

El modelo-de-relacionamiento que se practicará debe ser, por consiguiente, compartido por todos y basarse en las siguientes proposiciones básicas:

a. El conjunto de las relaciones interpersonales desarrolladas en el programa puede tener sobre el crecimiento del adolescente una influencia positiva o negativa.

b. Estos resultados dependen del nivel de calidad que el equipo consiga imprimir en el ejercicio cotidiano de las dimensiones facilitadoras de la relación-de-ayuda: empatía, respeto, autenticidad, confrontación, concreticidad e inmediaticidad.

c. El proceso de ayuda se realiza a través de dos grandes fases:
  i. *Interna:* abarca la *comprensión* y la *exploración*.
  ii. *Externa:* abarca la *orientación*, por parte del ayudante, y la *acción*, por parte del ayudado.

d. En tanto componente infraestructural del proceso educativo, la relación-de-ayuda podrá valerse de diferentes enfoques de asesoramiento.

e. En tanto proceso de aprendizaje mutuo, la

relación-de-ayuda tendrá siempre la forma de un proceso abierto y experiencial.

f. El modelo de relación-de-ayuda proveerá a cada miembro del equipo el "sustento" teórico y operacional, capaz de sumarse a su *disponibilidad interior*, de modo de tornar significativas las relaciones que establece con el educando.

g. Para la implantación del paradigma de la relación-de-ayuda, en el nivel de la estructuración y funcionamiento general de un programa socioeducativo dirigido a jóvenes en situación de dificultad personal y social, se deben respetar las siguientes etapas:
- i. conocimiento de la realidad: programa y extraprograma;
- ii. compromiso de la comunidad abarcativa;
- iii. formulación de los objetivos y metas;
- iv. programación de las acciones necesarias para la consecución de los objetivos y metas;
- v. implementación del programa;
- vi. evaluación y reprogramación.

El paso inicial, para la implantación del modelo de relación-de-ayuda de Carkhuff en un programa socioeducativo dirigido a jóvenes en situación de dificultad personal y social, debe incluir las técnicas utilizadas en el proceso de ayuda en el entrenamiento del equipo, para que el paradigma estructurador de las

relaciones aquí propuesto pueda ser desarrollado.
Así, es primordial que cada miembro del equipo adquiera, además de una visión del proceso en su integridad, el dominio operacional de cada una de sus fases y de la forma como ellas se articulan en la concatenación general del relacionamiento. Las etapas de este proceso son:

i. preparación del ambiente físico;
ii. acogida;
iii. atención física;
iv. observación;
v. escucha;
vi. respuesta al contenido;
vii. respuesta al sentimiento;
viii. respuesta al sentimiento y al contenido;
ix. respuesta con imágenes;
x. respuesta con comportamiento;
xi. respuesta a preguntas;
xii. respuesta con los propios sentimientos;
xiii. personalización;
xiv. orientación.

La incorporación de este conjunto de habilidades y posturas permitirá al educador:

a. Percibir y sentir con nitidez las principales dificultades personales y sociales del educando.

b. Atender y, cuando sea el caso, encaminar al educando hacia otros centros especializados.

c. Desarrollar las capacidades de observación, síntesis, interpretación y creación de hipótesis.

d. Mejorar sus propios niveles de funcionamiento personal, de modo de elevar la calidad de su relación con el educando, tornándola efectivamente significativa.

e. Analizar y, cuando sea necesario, rever sus propios valores frente a las cuestiones y exigencias que surgen en el proceso educativo.

f. Evaluar la calidad de las interacciones humanas en los diversos niveles y ambientes del día a día de sus educandos.

g. Expresar valores en una forma de comunicación (ejemplos concretos, creación de acontecimientos) que facilite al educando la adquisición y construcción de sus propios valores.

h. Descubrir permanentemente formas y medios de fortalecer el concepto de sí mismo, la autoconfianza y la autoestima de cada educando.

i. Favorecer el proceso de "elecciones progresivas" en la adquisición y desarrollo de un proyecto de vida por parte del adolescente en dificultades.

j. Identificar, evaluar y utilizar nuevas ideas y formas de acción para asegurar la calidad creciente del trabajo desarrollado.

5. El ambiente físico y material: Un educador objetivo

Las instalaciones y el material existentes en un programa socioeducativo constituyen su base material, su infraestructura. Es importante, por consiguiente, que las cosas se dispongan y mantengan de acuerdo con un arreglo cuidadoso que sea, en sí mismo, un mensaje para el educando: el mensaje de que él es importante, de que alguien se preocupa por lo que él siente, de que alguien quiere que él se sienta bien en aquel lugar.

Además de simples, las instalaciones tienen que revelar siempre buen gusto y cuidado. Cada ambiente debe transmitir, bajo la forma de pequeñas señales, el mensaje pedagógico del programa. Por ejemplo: el suelo limpio y bien cuidado de determinada instalación habla al educando acerca del valor de la higiene y de la limpieza. Incluso el felpudo en la entrada de determinada sala nos está hablando del compromiso y del respeto que nos suscita el trabajo de quien hace aquella limpieza. La lata pintada o envuelta en papel, colocada en un punto estratégico para la recolección de basura, junto con tantas otras cosas, también ejerce su dosis de influencia constructiva sobre los educandos, educadores y demás personas que frecuentan aquel lugar.

Carteles, latas de flores, jardines, canteros en el patio, baños, paredes, avisos, carteles, muebles, corredores; los lugares para comer, dormir (cuando fuere el caso), bañarse, hacer las necesidades fisiológicas, todo debe transmitir una atmósfera de respeto por la dignidad de las personas. Una atmósfera de acogida, de buen gusto, de cuidado y preocupación por el bien del otro.

Especial cuidado deben merecer los aspectos de la atención individual o en pequeños grupos. Allí, el educador debe estructurar el ambiente en forma particularmente acogedora. El equilibrio de los colores, la disposición de los muebles, la decoración, la limpieza y la conservación del lugar, tienen que garantizar sosiego y privacidad para las personas que conversan.

El ambiente así estructurado es un educador objetivo. Ejerce sobre el educando una influencia constructiva, que lo hace sentirse respetado y valorizado en aquel espacio. El adolescente, ante un suelo limpio, ante baños donde se puede respirar sin miedo, frente a paredes bien cuidadas, a carteles bonitos y significativos, a plantas que revelan trato y cariño cuidadosamente distribuidas, respirará dignidad y se sentirá respetado y aceptado. Las cosas le están diciendo esto.

Cierta vez, un educador de calle me dijo que, después de los primeros contactos con los niños, se vuelve una medida importante el hecho de buscar junto con los adolescentes un lugar más sosegado, tranquilo donde "se pudiese charlar más relajadamente, en calma". Se ve, por este ejemplo, que incluso cuando no existe un espacio preestructurado para esta finalidad, la relación educador-educando impone un cierto nivel de preocupación por el ambiente.

6. Cuidados en la acogida

Una de las características más comunes de los adolescentes en dificultades viene del hecho de que ellos no se sienten aceptados. De allí, la enorme dificultad que tienen en la formación de un buen concepto de sí mismos, base de la autoestima y de la autoconfianza, sin las cuales la tarea de construir un proyecto de vida se torna muy difícil, algo así como intentar asentar un cimiento sólido sobre una base de arena movediza.

Es en los primeros contactos con el educador que se forma en el educando la imagen de actitud básica de ese adulto en relación con su persona. Esta imagen podrá ser de aceptación, de indiferencia o de rechazo. Esta impresión inicial influirá las posturas y actitudes asumidas por el joven en las etapas siguientes de la relación. Por esto, la adopción de determinados cuidados, en estos contactos iniciales, es extremadamente importante para que el adolescente se sienta verdaderamente recibido y aceptado.

Algunas actitudes contribuyen en la comunicación al educando de la disposición interior del educador en relación con su persona, y configuran el clima de integración y de bienestar que caracteriza a la acogida. Son actitudes facilitadoras de la recepción:

i. Tratar, desde el inicio, al educando por el nombre, de modo de hacerlo sentirse blanco de una atención que lo diferencia de los demás.

ii. Saludar al educando, volviéndose hacia él, yendo a su encuentro, tocándolo físicamente, dirigiéndole palabras amigas, transmitiéndole seguridad y apoyo y abriéndose para captar su estado emocional en aquel preciso momento.

iii. Individualizar al educando, mostrando atención a lo que pasa con él o demostrando notar algún cambio ocurrido en su aspecto. Tales actitudes contribuyen para que él se sienta importante frente al educador.

iv. Nutrir físicamente al adolescente en dificultades o proporcionarle un poco más de comodidad son gestos concretos de acogida que hablan por sí mismos. Pequeños cuidados como ofrecer agua, alimento, remedio, abrigo o una simple silla son señales que exteriorizan por parte del educador la disposición interior de receptividad, de aceptación, de abrigo.

7. Atender con el cuerpo

El cuerpo es una fuente de mensajes mucho más concreta y verdadera que las palabras. Él expresa la disposición o desavenencia internas de una persona en relación con otras personas o situaciones. El educador debe estar atento a su cuerpo para que éste transmita al educando la noción verdadera de su interés y de su disposición para ayudarlo.

Así, atender físicamente a un adolescente en dificultades implica, por parte del educador, una atención constante en las posturas asumidas por el propio cuerpo a cada momento y en la adopción de algunos comportamientos que facilitan su interacción con el educando:

i. *Proximidad:* Es muy importante que, durante la conversación, la distancia física entre el educador y el educando sea expresiva del grado de aproximación entre ambos en ese momento de la relación. Para percibir esto, el educador debe concentrarse en la actitud corporal del educando cuando él se acerca o se aleja de modo de situarse en la distancia correcta para esa etapa de la relación.

ii. *Inclinarse:* La inclinación del torso del educador en relación con el educando debe estar sintonizada con el mensaje que, a cada momento, está siendo transmitido por uno o por otro. El inclinarse hacia la persona con la que estamos hablando funciona como una señalización concreta e inmediata del interés que le estamos dedicando en ese preciso instante.

iii. *Contacto visual:* Educador y educando deben situarse de modo de quedar cada uno en el campo visual del otro. La relación "frente a frente" no debe ser evitada ni perseguida de forma sistemática. Esta forma de contacto debe ocurrir naturalmente y no de forma forzada, persecutoria. La consideración de este aspecto es fundamental para configurar el respeto del educador por el educando.

iv. *Asentir con la cabeza:* Los movimientos de cabeza del educador deben estar sintonizados con el mensaje que le llega del educando. Esto le da la sensación de que sus palabras están encontrando eco, están afectando al educador.

v. *Tocar:* Hay momentos, en el transcurso de una conversación, que ninguna palabra es capaz de sustituir un toque físico del educador al educando. Saber identificar estos momentos y dosificar correctamente este tipo de manifestación es una cuestión de sentido común, experiencia y madurez personal del educador.

vi. *Mantener la misma altura del educando:* Sentado o de pie, el educador debe procurar mantenerse al mismo nivel de altura que el educando. Esa horizontalidad física señala la disposición de equilibrar la relación en términos de poder, funcionando como un facilitador de la expresividad del educando.

8. Observación

Los mensajes no verbales, que llegan al educador a partir de la observación de las actitudes y reacciones corporales del educando, permiten entender lo que pasa con él más que sus palabras. "Si quiero entender a la persona, debo primero mirar su cuerpo para después oír sus palabras, porque la verdad está, sobre todo, en el primero". Esta afirmación de Clara Feldman de Miranda nos da la dimensión exacta de la importancia de la observación en la relación de ayuda.

La observación es el recurso básico y fundamental del educador. Es ella la que permite distanciarse del sentido común y de la cultura organizacional de su área de actuación. El desarrollo de la habilidad de observar devuelve a los ojos el poder inmediato de la visión que, a lo largo de nuestro "desarrollo", había sido transferido al sentido común, que ve, a través de nuestros ojos, y encuadra lo que tenemos enfrente nuestro de acuerdo con constructos preestructurados erguidos en nuestras mentes.

Lo fundamental en la relación de ayuda es inferir el nivel de energía y el tipo de sentimiento que el educando, en ese momento, está experimentando, así como su rapidez para actuar y la calidad de su relación con el educador. El nivel de energía habla del nivel general de la disposición física de una persona. Su gradación (bajo, medio o alto) puede ser conferida a través de la disposición corporal, de la expresión facial y de la mirada de la persona observada.

La rapidez está ligada a la disposición de la persona observada de asumir las tareas con que se enfrenta. Las expresiones corporales y faciales nos revelan esta dimensión del comportamiento del educando.

La calidad de la relación del adolescente consigo mismo y con los otros puede ser aprehendida a través de la observación del modo como él establece contacto visual con las personas y delimita su territorio corporal. Sus respuestas corporales a las personas con las que interactúa nos dan el sentido de la positividad o negatividad de las relaciones que establece. Esta calidad de la relación puede ser verificada principalmente por la coherencia entre lo corporal y lo verbal; residen en ella los aspectos más reveladores acerca del desempeño relacional del educando.

Así, vimos que atender físicamente y observar son actividades a través de las cuales el educador transmite y capta mensajes no verbales.

- *Atender físicamente* es *transmitir* mensajes no verbales.
- Observar es *captar* mensajes no verbales.

9. La habilidad de escuchar

Escuchar, por una serie de motivos, es una habilidad poco desarrollada por las personas. Cuántas veces una persona en dificultades se siente mejor, ordena sus pensamientos y reevalúa sus experiencias, cuando alguien la oye con atención. En algunos casos, ese encuentro de un espacio abierto para situarse, permite a la persona reevaluar su situación y descubrir nuevas salidas para sus problemas.

Estas consideraciones sobre la habilidad de escuchar son particularmente importantes para el educador que actúa junto a adolescentes en dificultades. Éste es un recurso simple y efectivo, pero, infelizmente, poco utilizado en el trabajo con los jóvenes. Si el educador escucha al educando, empeñándose en forma sincera en colocarse en su lugar y ver la situación con sus ojos, sin juzgar lo que le está pasando, y procurando comprenderlo y aceptarlo, el joven se sentirá envuelto en un espacio de calor y reciprocidad, capaz de apreciar su tensión y reducir su sufrimiento.

En el habla de un joven en dificultades, el educador debe considerar dos dimensiones. Una es la del discurso, las palabras y frases tomadas en sí mismas. La otra dimensión está formada por la intensidad, el timbre y el ritmo con que pronuncia las palabras.

Otro ángulo importante de la habilidad de escuchar es la identificación de los temas recurrentes en el habla del educando. Por algún motivo, estos asuntos están ligados a alguna cosa relevante para él. Cuando el joven habla de cosas que lo tocan y le inspiran respeto de forma más profunda, su voz (tono, ritmo, intensidad) se altera. Corresponde al educador captar, escuchando, estas señales y usarlas en la comprensión del educando

10. Responder al contenido

Cuando el educando emite mensajes desordenados e inconexos, su habla refleja un desorden interior. Su primera necesidad es, entonces, que alguien lo ayude a rehacer su expresión verbal. A esto llamamos responder al contenido.

Responder al contenido es reflejar el tema central del habla del educando. No se trata, por consiguiente, de reproducir todo lo que él dijo anteriormente. Se trata de reflejar aquellos elementos importantes ligados al tema central. Esa devolución del contenido al educando, puede ser expresada en frases preestructuradas como:

Vos me estás diciendo que ...

En otras palabras, vos ...

La respuesta al contenido permite que el educador comprenda al educando, al observar las reacciones de éste a su respuesta. El educando, por otro lado, comienza a explorar su propia experiencia de modo de percibir dónde está. Cuando la respuesta del educador no se corresponde exactamente con el contenido de su experiencia, el educando manifestará eso en forma verbal o no verbal. Cabe entonces al educador escuchar más y rehacer su respuesta. No existen respuestas no válidas. Cada respuesta es un proceso de aproximación a la verdad del educando y tiene, por eso mismo, su validez.

11. Responder al sentimiento

Responder a los sentimientos del educando es percibirlos y expresarlos con claridad. Esa expresión posibilitará al adolescente en dificultades conocerse mejor. El autoconocimiento es condición básica para cualquier cambio constructivo en la vida.

La respuesta a los sentimientos del educando debe comenzar cuando el educador percibe que él ya está listo para encontrarse con sus sentimientos. Responder al sentimiento es la habilidad de captar lo que el educando está sintiendo a cada momento de la relación y recordarle esta percepción.

Algunos pasos permiten al educador desarrollar y ejercitar la habilidad de responder a los sentimientos del educando:
1. Identificar la categoría del sentimiento.
2. Identificar la intensidad del sentimiento.
3. Elegir la "palabra-sentimiento" apropiada.
4. Responder al educando usando el formato:
   Te estás sintiendo ...

A los efectos didácticos, los sentimientos pueden ser agrupados en algunas categorías básicas:
- Alegría
- Tristeza
- Rabia
- Miedo
- Culpa
- Confusión

La intensidad del sentimiento expresa la forma como él se manifiesta:
- Fuerte
- Débil
- Moderado

La *palabra-sentimiento* es aquella que más encaja con lo que la persona está sintiendo en el momento. Por ejemplo:
a) Un sentimiento fuerte de rabia
- palabra-sentimiento: enfurecido
b) Un sentimiento moderado de rabia
- palabra-sentimiento: irritado
c) Un sentimiento débil de rabia
- palabra-sentimiento: fastidiado

12. Responder al sentimiento y al contenido

Responder al sentimiento y al contenido del educando es comunicarle la comprensión de *cómo* él se siente y de *por qué* él se siente así. La respuesta al sentimiento o al contenido no son, aisladamente, capaces de captar el todo de la experiencia del educando. La respuesta al sentimiento y al contenido es, por lo tanto, la más completa. Ella posibilita ligar *el mundo interno y el mundo externo* del adolescente en dificultades.

i. *Mundo interno:* sus sentimientos.

ii. *Mundo externo:* las personas, hechos y situaciones que desencadenan sus sentimientos.

Los pasos para formular la respuesta de sentimiento y contenido son:

1. Identificar el sentimiento.
2. Identificar la razón para el sentimiento.
3. Responder usando el formato:
   Te estás sintiendo ... porque ...
   o

Frente a ... vos te sentís ...
o
Cuando ocurre ... , te sentís ...
o
Vos te sentís ... toda vez que ...

Cuando el educador no consiga comunicar su comprensión, el educando manifestará esto de manera verbal o no verbal. Cabe al educador continuar intentando hasta acertar. El educando, a través de sus respuestas, irá corrigiendo la ruta del educador. Muchas veces es en este proceso de corrección que él se encuentra con la comprensión de su verdadero sentimiento.

13. Responder con imágenes

Muchas veces la respuesta al contenido y al sentimiento no se muestra capaz de captar toda la verdad de la experiencia de un joven en dificultades. En esas ocasiones, suele surgir del fondo de la mente del educador una imagen simbólica que tiene el poder de comunicar la comprensión del educando en un nivel mucho mayor que las respuestas del tipo contenido-sentimiento.

El surgimiento de esa imagen refleja un alto grado de empatía en la relación educador-educando. Es como si, de repente, él captara la totalidad de la experiencia del educando y la pasara por el fondo de su propia experiencia, esto es, de forma visceral. Responder al educando con imágenes de esa naturaleza es llevarlo al encuentro profundo de sí mismo.

La fuerza de la imagen está en el hecho de que ella vuelve concreta una experiencia hasta entonces no completamente definida, posibilitando al educando visualizarla en toda su extensión. La respuesta de imagen puede ser formulada para el educando de diversas formas:

    i. aisladamente;
    ii. acompañada de respuesta de sentimiento;
    iii. acompañada de respuesta de contenido;
    iv. acompañada de respuestas de contenido y sentimiento.

Así, los formatos respectivos serían:

— Respuesta de imagen:
    Es como si ...

— Respuesta de imagen y contenido:
    Cuando ... es como si ...
    (contenido)

— Respuesta de imagen y sentimiento:
    Te sentís ... como si ...

— Respuesta de imagen, sentimiento y contenido:
    Frente a ... te sentís ... como si ...

14. Responder al comportamiento

Responder al comportamiento del educando es embeberlo de datos y/o inferencias en los momentos en los que el educador percibe que esto será beneficioso para él. El comportamiento es la expresión del educando frente al educador. Él puede asumir tres formas básicas:

i. El educando se expresa corporal y verbalmente.

ii. El educando no se expresa verbalmente, sino corporalmente y de manera estática. Es el llamado silencio fijo.

iii. El educando no se expresa verbalmente, sino corporalmente y de forma dinámica. Es el silencio movilizado.

Al responder al comportamiento, el educador comunica al educando que sus mensajes no verbales fueron captados. Por eso, es muy importante para el educador adquirir y desarrollar la capacidad de aprehender los significados del silencio del educando. El silencio del adolescente en dificultades podrá estar ligado básicamente a su relación consigo mismo o a su relación con el educador.

Cuando el silencio está ligado a la relación del educando consigo mismo puede significar que:
    a. El educando no sabe qué hacer al primer contacto.
    b. El educando está completamente vuelto hacia sí mismo.
    c. El educando está deprimido.
    d. El educando está confundido.
    e. El educando está organizando su pensamiento.
    f. El educando está sintiendo con mucha intensidad.
    g. El educando pone un límite para la propia entrega (reflujo de entrega).

Cuando el silencio está ligado a la relación del educando con el educador:
    a. El educando está con miedo del educador.
    b. El educando se siente avergonzado frente al educador.
    c. El educando tiene rabia al educador.
    d. El educando está testeando al educador.

¿De qué manera el educador podrá trabajar con el silencio del educando?:
    a. Quedándose en silencio también.

b. Respondiendo verbalmente al comportamiento del educando.

Lo importante, en este caso, es que las respuestas tengan la dimensión de inmediatez, o sea, respondan a lo que está ocurriendo en el aquí y ahora entre el educador y el educando. Un tono interrogativo significa disposición para comprender y aceptar. Expresa también el reconocimiento por parte del educador de que solo el educando sabe la verdad sobre sí mismo.

15. Responder las preguntas

¿Por qué las personas preguntan? Nadie indaga nada en vano. Las motivaciones que llevan a las personas a preguntar pueden ser agrupadas en cuatro tipos básicos:

i. La persona pregunta porque necesita una respuesta para tomar una decisión o iniciar una acción. Son preguntas objetivas que se dirigen a obtener información y nada más.

ii. La persona pregunta dirigiéndose a mantener (iniciar) un contacto con otra. La respuesta no es lo más importante para quien pregunta. Lo importante es el reclamo para el inicio de una conversación.

iii. La persona pregunta porque quiere expresar alguna cosa y no lo consigue.

iv. La persona quiere saber alguna otra cosa y no tiene el coraje para preguntar directamente.

Al trabajar con las preguntas del educando, es fundamental que el educador esté atento al mensaje subyacente. Por debajo de cada indagación se esconde el verdadero mensaje o pedido de la persona que pregunta. Las palabras objetivas usadas en la formulación de la pregunta sirven solo de vehículo a través del cual el mensaje real es transmitido a la persona que escucha. A ella cabe descubrir ese mensaje.

Así, responder preguntas, en el contexto de una relación de ayuda, trae aparejada la exigencia de que el educador adquiera y desarrolle algunas habilidades:

   a. Percibir el mensaje subyacente a la pregunta.
   b. Comunicar esa percepción al otro.
   c. Responder, si es necesario, la parte objetiva de la pregunta. (mensaje aparente)

¿En qué ocasiones la pregunta debe venir del educador?

   a. Cuando no entendió alguna cosa por no haber escuchado o por haber escuchado y no haber comprendido.
   b. Cuando el educando quiere expresarse pero no lo consigue por timidez, miedo, vergüenza. Una pregunta puede aliviar la tensión y facilitar la expresión del educando.
   c. Cuando el educando tiene dificultad para explorar sus sentimientos; las preguntas pueden llevarlo a indagar mejor en la propia experiencia.

d. Cuando el educando se expresa de manera abstracta. El educando se expresa a veces a través de divagaciones y generalidades. El educador debe ayudarlo a volverse más concreto y específico, orientando en este sentido sus preguntas.

16. Responder con los propios sentimientos

No existe nadie mejor o peor en la relación de ayuda; lo que existe son papeles diferentes a ser desempeñados. La diferencia, luego, no está en la calidad de las personas y sí, en el repertorio que ellas desempeñan. El interés genuino del educador debe ser hallar una forma de quebrar su imagen de superioridad personal respecto del educando.

Coherencia
El educador debe procurar que sus mensajes verbales y no verbales sean coherentes frente al educando. Él debe transmitirle con palabras aquello que ya le transmitió con el cuerpo.

Cuidado y empatía
Tan importante como ser coherente es ser cuidadoso con el educando. En ese sentido, es importante que el educador sepa discriminar cuáles sentimientos

deben ser comunicados al educando y elegir el mejor momento para hacerlo.

Efectividad

Antes de expresar sus sentimientos al educando, el educador debe preguntarse:

¿Esa comunicación va a serle útil o no?
¿Estoy siendo constructivo o destructivo?
¿Estoy siendo efectivo o no efectivo?

Es preciso que el educador tenga mucha claridad respecto de las razones que lo llevan a expresar sus sentimientos al joven en dificultades. En este sentido, él debe evitar expresar sus sentimientos al educando cuando perciba que lo está haciendo por:

a. *manipulación:* quiere amoldar el comportamiento del educando según su voluntad;

b. *desahogo:* quiere cambiar los papeles y usar los oídos del educando como si fuera él su ayudante.

Es importante observar que, en una relación de ayuda, el ayudante es, antes que nada, un modelo para el ayudado. Eso no se aplica sólo a la expresión de sus sentimientos, sino a todo lo demás. En la medida que el educador se sitúe en la posición del educando (empatía), podrá tener la dimesión de qué comunicarle y qué no comunicarle. Al transmitir lo que siente al educando, el educador debe:

   a. Identificar de modo claro sus sentimientos.
   b. Expresarlos al adolescente a través de formas como:
   Yo me siento ... cuando ...
   Yo me siento ... porque ...
   Yo me siento ... frente a ...

17. Rumbo a la fase inicial de la relación de ayuda

Atender y responder son etapas que corresponden a la fase de respuesta de la relación de ayuda. La personalización y orientación son las etapas de la fase inicial. Los aspectos importantes a ser enfatizados en el desarrollo del proceso de ayuda son:

1. Las habilidades de atender y responder son las más importantes en la relación de ayuda: son ellas las que van a establecer la base de todo el proceso.

2. Con frecuencia, cuando el ayudante atiende y responde muy bien al ayudado, no precisa personalizar y orientar su experiencia, y comienza a actuar sin orientación externa.

3. Lo anterior se vuelve posible cuando las respuestas del ayudante son tan efectivas que llevan al ayudado a niveles profundos de comprensión de su responsabilidad en relación a sí mismo.

4. Cuando el ayudado no llega a personalizar para sí mismo, el ayudadante puede hacerlo siempre que haya adquirido ese derecho a través de sus habilidades de atender y responder.

18. Personalizar

La personalización ocurre cuando el educando consigue identificar su papel dentro de su propio problema. El educando personaliza cuando identifica y asume su propia parte de responsabilidad frente a la situación que está viviendo. Personalizar es, por lo tanto, tomar la vida con las propias manos y responder por ella. Es abandonar el papel de víctima y transformarse en autor de su propia historia.

1. *Personalizando el contenido* (cambiando los pronombres)
— Personalizar el contenido es dar respuestas *aditivas* que internalizan cada vez más los temas del habla del educando. A esa altura el educador ya se siente capaz de sumar su percepción a la experiencia del educando como un todo, ayudándolo progresivamente a avanzar. Dos preguntas son fundamentales en este momento:

- ¿Cuál es el efecto de la situación sobre el educando?
- ¿Cómo lo afectan sus vivencias?

Antes, el educador respondía de la siguiente manera:

Te sentís ... porque ...

Ahora, la forma se personaliza, implicando directamente al educando en el centro de la pregunta:

Te sentís ... porque *vos*...

2. *Personalizando el habla*
- El paso siguiente consiste en que el educando identifique lo que le falta, el déficit o la ausencia de alguna cosa fundamental para sí. Aquí la pregunta básica es:
- ¿Cómo el educando está contribuyendo a su problema?
- ¿Qué es lo que le falta y lo que lo lleva a vivir su problema?

Es en este momento que el educando asume la responsabilidad por la propia vida. El mundo deja de ser malo para ser solo el lugar donde él mismo se vuelve responsable por su propia experiencia. La forma aquí es del tipo:

Te sentís ... porque *vos* no sabés ...

Te sentís ... porque *vos* no conseguís ...

Te sentís ... porque *vos* no sos capaz ...

3. *Personalizando el objetivo*
— Personalizar el objetivo abarca la meta del ayudado que, en general, es inversa a la falta. La pregunta aquí es:
— ¿Qué es lo que el educando puede hacer para resolver su problema?

El formato de la respuesta ahora incluye el sentimiento de falta y el objetivo:

Vos te sentís ... porque *vos* no sabés ... y a *vos* te gustaría ... (objetivo)

El objetivo es el último elemento del proceso cuya identificación va a posibilitar al joven en dificultades elaborar su programa de acción o determinar la dirección de su cambio.

La meta le dice *adónde quiere llegar.*

El *cómo hacer para llegar allí* ya es el contenido de la fase siguiente: la orientación.

19. Orientar

No siempre los cambios en el educando son resultado de la orientación dada por el educador. Existen situaciones específicas en las que la habilidad de orientar es indispensable para que la acción sea desencadenada y la dificultad superada. La decisión última, sin embargo, continúa en el educando: el educador orienta y él escoge seguir o no la orientación.

Aspectos formales de la orientación:

1. El papel del educador es orientar al adolescente en dificultades, o sea, facilitarle la decisión, elaborar con él un plan de acción. Nunca el educador debe decidir por el educando.

2. Cada persona es la mayor autoridad de su vida. El educando tiene el derecho de decidir aunque su decisión no sea la mejor.

3. Orientar –desde el punto de vista formal– es proporcionar al educando datos que le permitan la

obtención del objetivo que él mismo escogió. Este objetivo ya fue identificado cuando el educando personalizó su experiencia, percibiendo lo que le falta y estableciendo la meta a ser alcanzada.

4. El análisis conjunto de los resultados por el educador y educando consiste en nuevas exploraciones y comprensiones, suscitando nuevas acciones rumbo a nuevos objetivos.

5. Lo fundamental, en la fase de orientación, es que el educador esté siempre al lado del educando, compartiendo con él alegrías y fracasos.

20. Crecer siempre

La efectividad de un proceso de ayuda se mide por los cambios que fue capaz de desencadenar en el ayudado. Y cambio en el sentido positivo y constructivo significa crecimiento: crecimiento físico, emocional, intelectual. Por la exploración, el educando descubre dónde está. Por la comprensión él percibe adónde quiere llegar. La orientación del educador lo ayuda a trazar el camino entre estos dos puntos. Llega, entonces, el momento de actuar, de dar pasos concretos en dirección al cambio.

La relación de ayuda, en tanto proceso formal (en nuestro caso relación educador-educando), tiene principio, medio y fin. Esto ocurre cuando el educando se muestra capaz de identificar sus sentimientos y las razones por las cuales los experimenta. Él se comprende y sabe actuar según esa comprensión.

Por otro lado, en tanto modelo para relacionarse consigo mismo y con los otros, las habilidades adquiridas se incorporan a la persona del ayudado y se tornan una experiencia que progresa y da sus frutos en cada fase de la existencia. En ese sentido, la relación de ayuda a una persona es un proceso que tiene la misma duración que su vida.

Bibliografía

Carkhuff, Robert R. *O relacionamento de ayuda para pais, professores, psicólogos*, Belo Horizonte, CEDEPE, 1979.

Loffredi, Lais E. *Paradigma de orientação educacional*, Río de Janeiro, Francisco Alvez, 1979.

Miranda, Clara F. de, y Miranda, Marcio L. de. *Construindo a relação de ajuda*, Belo Horizonte, Crescer, 1983.

Voirin, Pierre. *A educação de jovens difíceis*, Lisboa, Familia 2000, 1972.

Sobre el autor

Antonio Carlos Gomes Da Costa asumió, en 1982, la cátedra de Pedagogía Terapéutica en el Curso de Psicología Escolar de FUMEC, en Belo Horizonte. Como educador, su experiencia más significativa fue haber dirigido la Escuela FEBEM Barão de Camargos en Ouro Preto, junto con su esposa, María José. Aquellos años de lucha y trabajo fueron la base de toda su actividad social y educativa hasta hoy.

Como dirigente y técnico, en el área de las políticas públicas para la infancia y la juventud, su trayectoria le permitió acumular una considerable vivencia en ese campo. Fue secretario de Administración en Ouro Preto, Presidente de FEBEM-MC, Oficial de Proyectos de UNICEF, Director Ejecutivo y Presidente de CBIA (Centro Brasilero para la Infancia y la Adolescencia). Ejerce las funciones de Consejero en las Fundaciones: ABRINQ, FNLIJ, ANDI y FUNJOBI. Actualmente es Director-Presidente de MODUS FACIENDI, su empresa de consultoría y consultor independiente de la OIT (Organización Internacional del Trabajo) y de UNICEF.

En el plano internacional, representó a Brasil en el Instituto Interamericano del Niño, organismo de la OEA que funciona en Montevideo. Actuó también como miembro electo a título personal (perito) en el Comité de los Derechos de los Niños de la ONU en Ginebra.

Autor de varios libros y artículos sobre la atención, la promoción y la defensa de los derechos de la población infanto-juvenil, publicados en Brasil y en el exterior, considera su mayor realización, en cuanto ciudadano y educador, haber participado en el grupo de redacción del Estatuto del Niño y del Adolescente, así como su actuación política en favor de la aprobación en el Congreso Nacional y posterior sanción por el presidente de la República de Brasil.

Índice

Presencia de la pedagogía,
   por Emilio García Méndez 7

Palabras iniciales 13

Jóvenes volcanes, por Luiz Gonzaga de Freitas Filho 15

PARTE I. Educación y presencia: de la soledad al encuentro

Introducción 21
  1. Presencia: una necesidad básica 27
  2. Aprender a hacerse presente 31
  3. Camino de emancipación 35
  4. Al encuentro de sí mismo 39
  5. El adulto en el mundo de los adolescentes 41
  6. Conocer el proceso 45
  7. Adolescencia y soledad 49
  8. Mucho más allá de la adaptación 53
  9. La contradicción entre la misión y los medios 57
  10. Reciprocidad: la dimensión esencial
     de la presencia 61

11. La relación educador-educando:
    algunos obstáculos básicos 67
12. La autoridad en la pedagogía de la presencia 71
13. La selección y el perfil básico del educador........... 77
14. Libertad y educación... 83
15. Al servicio del desarrollo personal y social 87

PARTE II. Educador-educando: una relación de ayuda

1. En busca de un modelo operativo 93
2. Presencia y significación en la relación de ayuda... 97
3. Caracterizando la relación de ayuda 103
4. La relación de ayuda en los programas
   socioeducativos dirigidos a adolescentes
   en dificultades... 107
5. El ambiente físico y material:
   un educador objetivo 113
6. Cuidados en la acogida 117
7. Atender con el cuerpo... 119
8. Observación 123
9. La habilidad de escuchar....................................... 127
10. Responder al contenido 129
11. Responder al sentimiento...................................... 131
12. Responder al sentimiento y al contenido.............. 133
13. Responder con imágenes....................................... 135
14. Responder al comportamiento 137
15. Responder las preguntas.. 141
16. Responder con los propios sentimientos 145
17. Rumbo a la fase inicial de la relación de ayuda..... 149

PEDAGOGÍA DE LA PRESENCIA

18. Personalizar.. 151
19. Orientar... 155
20. Crecer siempre... 157

Bibliografía... 159

Sobre el autor.. 161

Se terminó de imprimir en
Artes Gráficas Piscis S.R.L., Junín 845,
(C1113AAA) Buenos Aires, Argentina.
Mes de Diciembre de 2004.